A COR DA CULTURA
ORGANIZACIONAL

LOUIS BURLAMAQUI

A COR DA CULTURA ORGANIZACIONAL

A HISTÓRIA DE UMA FANTÁSTICA JORNADA DE TRANSFORMAÇÃO HUMANA E EMPRESARIAL

Copyright © Louis Burlamaqui, 2021
Copyright © Editora Merope, 2021

CAPA	Desenho Editorial
PROJETO GRÁFICO E DIAGRAMAÇÃO	Desenho Editorial
COPIDESQUE	Opus Editorial
REVISÃO	Hebe Ester Lucas
COORDENAÇÃO EDITORIAL	Opus Editorial
DIREÇÃO EDITORIAL	Editora Merope

Todos os direitos reservados.
Proibida a reprodução, no todo ou em parte,
através de quaisquer meios.

Dados Internacionais de Catalogação na Publicação (CIP)
(Câmara Brasileira do Livro, SP, Brasil)

Burlamaqui, Louis
A cor da cultura organizacional : a história de
uma fantástica jornada de transformação humana e
empresarial / Louis Burlamaqui. -- Belo Horizonte :
Editora Merope, 2021.

ISBN 978-65-990267-1-3

1. Administração geral 2. Comportamento
organizacional 3. Cultura organizacional
4. Diversidade 5. Liderança 6. Organizações -
Administração I. Título.

21-70340   CDD-658.4

Índices para catálogo sistemático:
1. Cultura organizacional : Administração 658.4
Cibele Maria Dias - Bibliotecária - CRB-8/9427

EDITORA MEROPE
Rua dos Guajajaras, 880 sala 808
30180-106 – Belo Horizonte – MG – Brasil
Fone/Fax: [55 31] 3222-8165
www.editoramerope.com.br

*Dedicado a
Geert Hofstede.*

1	A chegada	09
2	Caos e ordem	15
3	Articulação	19
4	Cultura	24
5	Campo de batalha	27
6	Atrás da história	31
7	A realidade	36
8	Por dentro da história	39
9	Raízes da Homedere	48
10	A um passo do futuro	57
11	Um passo atrás do futuro	63
12	Do impulso ao chão	74
13	Um patinho feio	83
14	Choque do futuro	90
15	Agulha no palheiro	96
16	A luz acende	103
17	Fritando o peixe e olhando o gato	109
18	O cão que chupa manga	114
19	Pegando o boi pelo chifre	119
20	Traíra sem espinho	125

21	Paul McCartney	130
22	A hora do não	135
23	A hora da verdade	141
24	Algumas flores têm espinhos	146
25	Se está na chuva, é para se molhar	151
26	Sherlock Holmes	157
27	Cabo de guerra	163
28	Montando a engrenagem	168
29	Estratégia de guerra	173
30	Água mole em pedra dura...	178
31	A ascensão da moral	189
32	O senhor dos anéis	194
33	A grande virada	199
34	Laços do destino	206
35	Belo horizonte	215

1
A chegada

Eram oito horas da manhã, chovia muito em São Paulo e lá estava eu sentado à longa mesa de vinte lugares no oitavo andar da sede da Homedere, no Brooklin. Havia uma semana que eu tinha chegado e hoje seria minha primeira reunião com o conselho e o grupo executivo.

Começamos a reunião com o anúncio oficial do CEO Yuri Castro:

— Quero que conheçam o nosso novo vice-presidente comercial, sr. Gelson Freire. Permitam-me apresentá-lo. Senhor Gelson teve longa passagem por diversas redes de varejo com projetos muito bem-sucedidos; tem um histórico de relacionamentos poderosos com diversos mercados e com a cadeia de fornecedores, duas experiências internacionais de sólido crescimento, além de ter um *network* na área financeira muito diversificado. Entre seus atributos mais relevantes, podemos destacar as habilidades socioemocionais e forte inteligência em *pricing*. Apostamos muito nele e esperamos que sua vinda possa ajudar a recolocar nossas vendas no rumo do crescimento mediante a aquisição que fizemos na Europa.

De maneira formal, curta e direta, o CEO me introduziu no time, que me olhava com profunda atenção. Fiquei meio constrangido em ser visto como destaque nas habilidades socioemocionais, uma vez que a ansiedade é minha parceira no dia a dia.

Certamente, nunca havia sido apresentado daquela forma, e isso gerou uma imensa responsabilidade em mim. Toda alta expectativa é um passo para frustrações, e mal sabia eu onde estava pisando. Quantos desafios eu teria que superar.

Naquele momento veio-me um flash de quatro dias atrás, quando estava na sala do CEO e ele me confidenciara: "Gelson, conheço você, seu caráter e sua história. Estou com 62 anos e terei que sair da presidência em três anos por norma da governança; preciso ter uma pessoa de confiança no conselho enquanto eu o presidir. Quero que você seja essa pessoa.

Eu tinha 50 anos e já havia me realizado profissional e financeiramente. Não aspirava ser um CEO. Embora sempre tenha gostado de novos desafios dentro do espectro comercial, não imaginava que minha jornada me levasse a essa posição. Eu estava paralisado e inseguro como nunca havia ficado antes.

Após a apresentação, agradeci a confiança e me coloquei à disposição para construirmos um motor de vendas que sustentasse o crescimento global. Todos foram muito receptivos e pude conhecer meus dois pares principais: Túlio Bonamigo, VP de finanças, TI, *compliance* e jurídico, e Suzana Hernandez, VP de planejamento, gente e gestão. Abaixo de nós tínhamos diretores presentes e alguns gerentes gerais, além de membros do conselho.

Foram quatro horas de reunião e pude ter uma ideia do que estava acontecendo com a Homedere.

Havíamos comprado, há dois anos, uma rede concorrente na Europa que tinha uma operação muito ruim. Eram sessenta lojas. A empresa adquirida era a italiana Luk Corp., que ficou com 10,4% das ações da Homedere. Com a aquisição, passamos a ter exatas 160 lojas, sessenta das quais espalhadas por Itália, França, Portugal e Espanha, e as outras cem no Brasil, Colômbia, México, Argentina e Chile. O problema central era que as vendas não cresciam na Europa, muitas lojas continuavam a dar prejuízo e as margens na América do Sul haviam caído. Quando terminamos a reunião tensa, senti que pesava cem quilos. Minha secretária, Alice, já me esperava na porta a fim de me levar para a minha nova sala.

No mesmo andar, eu me encontrei em uma ampla sala com decoração clássica, um conjunto de sofás, uma pequena estante de livros e vista para uma praça com muitas árvores. Mesmo com a forte chuva, senti certo acolhimento ao olhar pela janela. Adoro espaços abertos, natureza e paisagens. Eu me senti bem ali. Sentamos e ela me passou o código de acesso ao sistema integrado da empresa. Ao abrir meus agendamentos, notei que tinha mais oito reuniões neste dia. Uma delas começaria em quinze minutos com o sr. Ivanir Dere, membro do conselho.

Peguei meu tablet e saí às pressas para esse compromisso. Entrei em uma das salas menores de reunião e encontrei um senhor de cabelos brancos com um penteado para trás, bigode pintado de preto. Um homem magro vestindo camisa social xadrez de mangas curtas por dentro das calças jeans, cinto e sapatos pretos. Jamais iria imaginar que aquela figura dera início a toda esta empresa. O sr. Ivanir Dere abrira a Homedere junto com sua esposa havia mais de cinquenta anos, e ali estava ele diante de mim, de forma modesta e simpática.

Começamos a conversa tomando um café. Ele já se adiantou de maneira formal, mas ainda assim simples:

— Seja bem-vindo, meu jovem. Seu nome foi muito bem recomendado e o conselho ficou bem impressionado com os resultados que obteve por onde passou. Eu me preocupo muito não só com os resultados, mas com os rastros que ficam. Já vi muitos executivos bons de resultado e destruidores de pessoas e ambientes. Me parece que você é sensível às pessoas. Como deve saber, eu não sou mais o acionista principal, mas os fundos que participam do conselho me escutam muito. Por isso, pedi este momento na sua entrada para expor minha preocupação.

Eu disse:

— Perfeitamente, sr. Ivanir. O senhor é uma figura lendária e me interessa muito conhecer suas preocupações.

O sr. Ivanir prosseguiu:

—Eu vendi minhas participações para dois fundos de investimentos há pouco mais de dez anos, quando percebi que minhas duas filhas não tinham interesse e vocação para o negócio. Uma se tornou médica e a outra, artista plástica. Assim, conversando com minha esposa, Genara, decidimos vender parte do negócio a fim de proporcionar profissionalização e crescimento a todos que ao longo desses anos estiveram conosco. Quando os dois fundos entraram, fui saindo aos poucos da gestão até que a estrutura da direção foi reorganizada e contratou-se um CEO, no caso, o Yuri. Ele é um homem extraordinário. Foi uma sorte tê-lo conosco, pois conseguiu fazer com maestria a transição de empresa familiar para empresa profissional. No entanto, não tivemos a mesma sorte com o nível abaixo do CEO. Nesse período, trocamos três vezes o corpo executivo de vice-presidentes e diretores. Por fim, conseguimos trazer o Bonamigo, que colocou ordem na casa e ajudou a estabilizar o crescimento na América do Sul. A nossa VP de planejamento, gente e gestão é novata e veio por indicação do mesmo fundo que trouxe o Bonamigo. A pessoa que ocupava o cargo que agora é seu, sr. Júlio, para mim foi um desastre. Ele ficou trinta meses à frente do comercial. Vaidoso, ficava falando de seus MBAs, mestrado e carreira. Só queria trabalhar com quem falasse inglês. Era um homem extremamente hábil com as palavras, sedutor e persuasivo. Ele nos trouxe o plano de expansão para a

Europa comprando a nossa concorrente já quase falida, a Luk Corp. Ele conseguiu convencer o conselho a abrir o caixa e adquirir as sessenta lojas europeias. Eu fui o único contra. Não achava que era a hora certa. O nosso jeito de administrar é completamente diferente do deles; não estávamos ainda com todo o mercado ocupado na América Latina e tínhamos ainda o México para expansão. Eu prefiro crescer devagar, mas consistentemente. Pois bem, adquirimos. Tivemos uma diminuição de 65% do nosso caixa. O sr. Júlio simplesmente meteu os pés pelas mãos, pois não conseguiu fazer a transição corretamente. Ele trouxe pessoas da Europa para o Brasil e mandou pessoas daqui para lá. Em resumo, os profissionais que foram para lá pediram para sair e os que vieram para cá não se adaptaram. As lojas perderam a referência e as pessoas estão insatisfeitas. Então, sr. Gelson, conto com o senhor para resgatar a alma desta empresa.

Quando o sr. Ivanir terminou de falar, notei que seus olhos lacrimejavam e que aquilo representava muito para ele, mesmo sendo um acionista minoritário, com aproximadamente 5% da empresa.

Eu me levantei e disse:

— O senhor pode me procurar quantas vezes precisar e me chamar à atenção quando perceber que algo não vai bem. Farei o melhor que puder e conto com seu apoio.

Ele respondeu com um sorriso sincero e nos despedimos.

2
Caos e ordem

Fazendo o balanço de três semanas à frente do comercial, vi que estava ainda muito aquém do ritmo em que gosto de trabalhar. Fiz um levantamento e concluí que, em 21 dias, gastei 120 horas de trabalho em reuniões quase sempre improdutivas, pois boa parte do tempo passei escutando queixas, pessoas falando mal umas das outras, um monte de gente apresentando relatório *fake* com números inconsistentes e um distanciamento completo do discurso com a prática. Decidi entrar de cabeça nos números da empresa para entender que jogo estávamos jogando. Faturávamos 10 bilhões de dólares por ano com um quadro de aproximadamente 30 mil funcionários. Nossas margens, que eram de 6%, vinham caindo 15% ao ano nos últimos dois anos, e pelos meus cálculos cairiam ainda mais, com uma diminuição de mais de 3%. Era um momento importante de buscar um alinhamento com meu par Túlio Bonamigo.

Nossas rotinas e agendas eram sempre muito apertadas, mas consegui marcar um almoço com Bonamigo antes da reunião mensal executiva.

Encontramo-nos em um restaurante italiano requintado escolhido por ele. Ao chegar, notei que nos aguardava uma sala especial com antepastos e um vinho fino. Bonamigo, pontual, entrou com um sorriso e já pediu ao maître que abrisse a garrafa. Começou contando a história do restaurante e sua predileção por vinhos e massas. Eu escutei atento, embora não quisesse falar muito sobre aquilo. Mas aprendi a controlar minha ansiedade e esperar o momento certo para entrar no assunto de que realmente queria tratar.

Bonamigo falou por mais de quarenta minutos, mostrando seus conhecimentos gastronômicos. Na primeira brecha, eu expus minha preocupação.

— Você está na empresa há um bom tempo e gostaria de entender algumas coisas. Como você vê a queda de margem dos lucros desde que a Luk foi comprada?

Não sei o que fiz, mas aquela pergunta transfigurou o semblante amigável do Bonamigo. Ele ficou sério e me respondeu:

— Era para a companhia estar no prejuízo há muito tempo se eu não tivesse mudado toda a gestão da empresa. Os números não fechavam. O Ivanir é um desorientado. Não sei como esse negócio cresceu com ele. É o clássico comerciante que deu certo e subiu de patamar. Nunca foi empresário. Nunca implementou uma gestão profissional. Quando eu entrei, há oito anos, dois outros executivos haviam passado por essa cadeira e o Ivanir queimou os dois. Eu entrei, pus ordem na casa e o enfrentei. Ele sempre vinha com uma conversinha aqui, outra ali, querendo proteger seus camaradas e fazer a empresa funcionar do jeito dele. Pois bem, esse tempo acabou. A empresa se profissionalizou para o bem de todos. Se os dois fundos não tivessem entrado, ele não daria mais conta de crescer, pois é um péssimo gestor. Faz tudo avacalhado.

— Que bom que as coisas se profissionalizaram — eu disse. — Mas, mesmo assim, por que as margens estão caindo?

— Meu caro, simples. Não tivemos bons VPs comerciais. Você chegou para resolver isso.

— Tudo bem, mas isso não depende somente do comercial. É um conjunto de fatores. Quero entender mais sobre todas as áreas para podermos atacar os problemas sistemicamente.

— Você não entendeu. Minha área está redonda. Eu toco o negócio colocando ordem na casa e método de gestão. Tudo tem número e rodo PDCA em todo mundo. Meta e resultado. O problema é exclusivamente o comercial. Lojas que ainda funcionam com a mentalidade do Ivanir, gente lutando contra a informatização, mentalidade fechada, sistemas de suprimentos soltos e pessoal mal treinado. Ou seja, está tudo muito ruim. Se nós não tivéssemos arrumado a gestão, controles, jurídico e TI, haveria um caos instalado.

— Que bom que temos número em tudo. Mas como eram os resultados antes da aquisição?

— Olha, nós precisávamos fazer uma aquisição. Jogo é jogado para a frente. Ou você compra ou é comprado. Precisávamos avançar. O Júlio trouxe uma oportunidade boa. Estamos hoje com 160 lojas e precisamos chegar a mil para virarmos uns dos três *players* mundiais. Devemos pensar grande. As margens que tínhamos antes eram melhores, mas as quedas são circunstanciais. Você é nossa esperança.

— Mas por que o Júlio foi demitido?

— Porque o Ivanir queimou ele. O Ivanir não gostava dele assim como não gosta de mim, mas tem que me engolir porque eu entrego resultados. Se você não entregar, meu caro, estará fora em breve.

Terminamos o almoço mais cedo do que havíamos programado e notei que o Bonamigo mudou o jeito de olhar para mim. Achei estranha a maneira abrupta com que encerramos a conversa, porém ficou claro que ele não se dava com o fundador da empresa, que era um homem muito rígido, franco e direto.

Mas havia outra pessoa com quem eu precisava ter uma conversa mais profunda: Suzana, VP de planejamento, gente e gestão.

3
Articulação

Minha vida estava resumida a chegar ao trabalho às 7 e sair às 21 horas. Eu sabia que enquanto não conseguisse mapear a empresa pelas pessoas, não conseguiria descobrir como virar o jogo. Todos os dias eu visitava uma loja e conhecia mais de perto a operação. Terminava o expediente sempre em reuniões até tarde no prédio da administração quando não estava viajando.

Eu estava em minha sala, preparando-me para a primeira reunião com o grupo executivo composto por CEO, VPs e diretores. Abaixo de mim na hierarquia havia um diretor de compras, uma diretora de marketing, um diretor de vendas e um diretor de logística. Todos nós e mais os diretores ligados aos outros VPs compunham a reunião. Yuri iniciou os trabalhos apresentando os resultados globais e abrindo espaço para que cada um pudesse explicar seus números. Depois discutiríamos alguns pontos mais estratégicos e montaríamos planos de ação. Em resumo, essa seria a linha da reunião executiva. Eu notei que todos eram extremamente minuciosos e se embasavam bem, mas não havia sinergia. As áreas estavam preocupadas com seus próprios resultados em vez de trabalhar mais em conjunto para atacar as questões de queda de margem. Bom, lá fui eu apresentar meus números e comecei a trazer questões que impactavam as lojas, mas que eram de outros setores. Isso bastou para o Bonamigo me interromper e dizer:

— Gostaria de saber o que foi feito nas lojas para mudar o nível de engajamento. Você já tem um plano?

— Temos muitos dados e informações — respondi —, mas acredito que precisamos trabalhar todos em conjunto para superar isso.

Bonamigo rebateu:

— Não concordo. Creio que as áreas estão funcionando bem e dando todo o suporte e segurança para você. Todos estamos lotados de trabalho. Primeiro você deveria colocar ordem na casa para depois buscar a integração que mencionou. Me desculpe, mas esse é seu dever de casa.

Não gostei da intervenção dele em razão do tom nada amistoso, mas entendi que não teria com ele a parceria de que precisava, por enquanto.

Terminamos a reunião de forma objetiva e, ao voltar para minha sala, Suzana entrou. Eu já queria mesmo falar com ela e foi uma ótima oportunidade. A VP se antecipou:

— Você já chegou criando problema com o Bonamigo — disse ela com franqueza extrema e forte sotaque mexicano.

— Não foi minha intenção — contestei. — Eu até almocei com ele para buscarmos um alinhamento!

— Ele me contou que você foi até deselegante ao questionar o trabalho dele, falando sobre margens.

— Como assim, deselegante? Eu apenas perguntei por que estávamos caindo, para encontrarmos uma causa raiz!

— Mas como você chega e já põe ele contra a parede desse jeito?

— Olha, houve algum mal-entendido. Eu falarei com ele sobre isso, para tirar essa má impressão. Não é nada disso.

— Não acho que deva fazer isso. É se colocar de forma subserviente. Ele não gostou de você e pronto. Não têm que ser amigos. Vocês precisam ser profissionais.

— Tudo bem, vou ver como lidar com isso. Mas quero aproveitar o momento e trocar uma ideia com você. Você já está aqui há um ano. Como vê a empresa e as razões para a queda das margens?

— A empresa precisa se reinventar. Acho o Bonamigo um grande executivo e merecedor até de mais do que tem. Ele arrumou isto tudo aqui. Pôs ordem e método na casa. Eu vim da engenharia e planejamento. Quando ele me indicou para o cargo, me falou que iríamos tornar a Homedere uma das maiores do mundo. Eu vim para isso e assumi planejamento, gente e gestão para ajudá-lo a reinventar tudo.

— E a queda das margens?

— Ah, sim. Não dá para gerir a empresa como antes. A era Ivanir morreu e precisamos enterrar isso. Necessitamos de coisas novas, modernidade e uma nova cultura. Você já ouviu a famosa frase do Peter Drucker, de que a cultura come a estratégia no café da manhã? Pois então, nossas margens estão indo embora nas pequenas coisas, e é na cultura que vamos virar o jogo.

— As pessoas são a chave, então? E a cultura antiga?

— Deleta. Deleta a cultura antiga. Precisamos de uma cultura nova e moderna para globalizar a empresa. O Ivanir foi importante, mas agora devemos sepultar o jeito Ivanir de administrar.

— Pode contar comigo. Como pretende fazer isso?

— Estou trazendo uma consultora da Itália, especializada em cultura empresarial. Vamos transformar tudo.

Aquela conversa mexeu comigo de várias formas. Primeiro, sou macaco velho, e notei que Suzana tinha um vínculo com Bonamigo; também vi que eu precisava entender o xadrez das influências e jogos corporativos realizados pelos dois fundos detentores do percentual majoritário. Segundo, ela deixou escapar a vontade de Bonamigo em ser CEO, e ali entendi que eu era uma ameaça para ele. Terceiro, a questão da cultura era uma coisa completamente nova e instigante para mim. Eu não entendia nada do assunto e percebi que, se não aprendesse, poderia ter dificuldade em virar o jogo nas lojas, pois, no fim das contas, tudo envolvia pessoas.

4
Cultura

Em meu segundo mês na Homedere eu já havia entendido os jogos corporativos. Nada como conversar com as pessoas de uma forma relaxada, informal, e a gente vai descobrindo tudo. A empresa tinha a seguinte divisão acionária: sr. Ivanir Dere e sra. Genara Dere: 5,6% do negócio; Fundo Doit: 45%; Fundo Hermann: 39%; Luk Corp.: 10,4%.

Os fundos Doit e Hermann têm objetivos diferentes no negócio. O primeiro quer crescer no mercado reinvestindo; o segundo quer distribuir dividendos. A Luk pretende levar a Homedere para a Ásia, e isso requer altos investimentos. O sr. Ivanir deseja que os netos possam ter assento no conselho e garantia de dividendos.

Os jogos são simples. Os dois fundos mandam na empresa. Quando convém, a Doit se une ao sr. Ivanir ou à Luk para obter o que quer, mas faz isso de modo estratégico para não desgastar a relação com a Hermann.

Nessa história toda, o CEO é apoiado pela Doit. Já Bonamigo e Suzana são bancados pela Hermann. O objetivo da Hermann é ter Bonamigo na sucessão de Yuri. E Yuri quer a Doit me apoiando para ser CEO no lugar dele. Mas, para isso ocorrer, eu tenho que entregar resultados e Bonamigo não vai permitir que isso aconteça. Ele apoia e quer que o projeto de mudança na cultura tocado por Suzana dê certo para dizer que foram eles que reinventaram o negócio e aumentaram as margens.

Desde a conversa que tivera com Suzana, a palavra cultura não saía da minha cabeça. Eu visitava as lojas e estava empenhado em trazer modernidade e sepultar as velhas práticas do sr. Ivanir. Era evidente que precisávamos de mudança. Mudança era a palavra do dia.

Eu e meus diretores havíamos sido convocados para uma reunião sobre o projeto de cultura e fomos ao auditório entusiasmados para entender esse novo universo ligado às pessoas. Chegamos pontualmente. Havia cerca de trinta pessoas no evento. Nós nos sentamos, as luzes se apagaram e apenas os holofotes do palco sustentavam a claridade. Surge, então, o Yuri e anuncia um novo projeto: Cultura Homedere.

Achei estranho. Como um tema tão importante quanto esse não foi levado às nossas executivas? Por que eu, um vice-presidente, estava sabendo do projeto naquela hora, junto com outras pessoas?

Yuri fez o anúncio e em seguida entrou Suzana dizendo que a cultura da empresa seria redesenhada, colocando-a no rumo certo a partir de comportamentos coletivos, e apresentou a consultora a todos.

Lisa é uma italiana com sotaque espanhol/português especialista em cultura organizacional. Ela começou sua fala mostrando um vasto currículo, depoimentos e empresas em que fez transformações culturais. Eu estava adorando aquilo. Via que realmente precisávamos mexer na forma de trabalhar. Ao terminar a apresentação, Lisa mostrou um cronograma de trabalho e insinuou que criaria um comitê de cultura para a transformação da Homedere. Bom, ansioso como sou, eu já me via nesse comitê, enquanto outras pessoas fugiam de mais projetos.

Ao final do evento, eu me dirigi ao palco e me encontrei com Lisa e Suzana.

— Parabéns pela iniciativa — cumprimentei-as. — Acredito que será muito importante para nós. Gostaria muito de integrar esse comitê.

Lisa foi assertiva e confirmou, enquanto Suzana contrapôs:

— Gelson, você tem duzentas coisas para fazer. O comitê tem muita coisa operacional. Coloca outra pessoa da sua área.

— Serei eu mesmo — insisti. — Estou disposto a pôr a mão na massa se for necessário.

Sem muito entusiasmo, Suzana consentiu, para meu alívio. Agora eu podia aprender mais rápido sobre algo que, a meu ver, faria a diferença.

5
Campo de batalha

Era a primeira reunião sobre cultura. Eu estava divorciado havia doze meses e, por isso, só pensava em trabalho. Era a melhor forma de esquecer a dor da separação. Minha única filha estudava engenharia em Boston, já tinha vida própria. Portanto, eu precisava do trabalho para superar a traição e o fato de ter sido trocado, após tantos anos de união, por um rapaz mais novo que despertara a paixão em minha ex-mulher.

Cultura era a minha obsessão em aprendizagem. Entrei na sala vinte minutos antes do horário por causa da ansiedade. Em seguida, foram chegando Lisa, Suzana, uma turma do RH e mais umas seis pessoas de áreas de apoio. Suzana começou a reunião:

— Agradeço a presença de todos, principalmente a do nosso VP Gelson, que quer contribuir com o projeto. Como sabem, queremos mudar a cultura da Homedere. E vamos vencer essa batalha. Vocês todos são soldados que crescerão em suas patentes e formarão mais soldados. Precisamos nos alinhar com o futuro e transformar esta empresa no lugar ideal para a realização dos nossos sonhos. Lisa, é com você.

— Primeiro vamos compreender o que é cultura — iniciou a consultora. — Cultura é o comportamento coletivo das pessoas. É o jeito como elas pensam e resolvem as coisas. Nós precisamos definir como queremos que as pessoas se comportem aqui dentro. São 30 mil colaboradores e isso não é fácil de fazer. Precisamos ser estratégicos e determinados para envolver e ajustar todo mundo. Quero lhes apresentar nosso plano: 1) Realizar entrevistas previamente selecionadas; 2) Definir a cultura que queremos; 3) Implantar a cultura nos sistemas, regras e pessoas; 4) Monitorar. Para isso, temos aqui uma série de entrevistas que eu farei e algumas pessoas que vocês devem buscar para entrevistar também.

Assim, Lisa repassou todos os detalhes, os modelos de entrevistas e quem deveríamos procurar. Ficou claro para mim que teríamos uma grande batalha pela frente para implantar a nova cultura, e que precisaríamos ser muito determinados para eliminar os modelos antigos ainda presentes da época do sr. Ivanir.

Eu estava em êxtase e não via a hora de receber minhas tarefas por e-mail. Queria muito investigar tudo.

No dia seguinte, ao abrir minha caixa de mensagens, lá estava uma missão para mim:

Prezado sr. Gelson, sua atitude poderá servir de exemplo para a mudança, sendo um embaixador da transformação cultural. O primeiro passo é escutarmos, com critério, as pessoas. Nós vamos entrevistar cerca de duzentos funcionários e sua missão é entrevistar dez que tenham mais de vinte anos de casa, tendo em vista que o senhor ainda é um profissional sênior, porém recente na empresa. Em anexo, deixo as linhas de perguntas e investigação para que possa nos trazer os resultados a fim de definirmos os próximos passos. Se precisar, não hesite em me contatar ou a algum dos meus consultores. Um abraço, Lisa.

Pensei em ir direto ao RH para obter ajuda na escolha das pessoas ideais, mas decidi ouvir antes minha secretária, que já estava na empresa havia mais de quinze anos e provavelmente teria uma visão interessante. Depois de mandar uma mensagem para o celular dela, recebi uma lista com dez nomes e um grifado: José Luiz Paixão.
Eu liguei e perguntei a ela: — Por que você grifou esse nome?
Ela respondeu:
— Olha, eu confio muito nesse senhor, mas ninguém dá muito ouvidos ao Paixão. Acho que ele é um dos poucos que conhece a história desta empresa profundamente. Já entrou em diversas listas de de-

missão, e suspeita-se que o sr. Ivanir não deixa que o mandem embora. Acho que senhor poderia ouvi-lo, mas saiba que ele não é bem-visto pela diretoria.

Para mim, objetivo traçado deve ser cumprido rapidamente. Agendei com todos os nomes contidos na lista, exceto o José Luiz Paixão, que estava de férias.

6
Atrás da história

Minha agenda estava sempre apertada, lotada de reuniões; aliás, era o que sabíamos fazer. Participava de cinco a seis reuniões por dia. Isso me incomodava muito porque gosto de estar em campo junto com as pessoas. Em uma das reuniões com nosso CEO, reclamei dessa postura de estarmos em demasia no escritório central. Ele me disse ter aprendido uma coisa no mundo dos negócios: o fator 50/50. Todo executivo deve ter 50% do seu tempo voltado para fora da organização, pois ali estavam as oportunidades e o futuro, e os outros 50% para dentro, entendendo, relacionando-se, orientando e inspirando as pessoas.

Eu ri e disse:

— Estou ainda longe disso. Estou preso na burocracia funcional da empresa.

Ele também riu e comentou:

— Se você tem como foco ajustar sua dedicação para o 50/50, não tem problema. Apenas lembre-se de que tudo deve ser balanceado para os resultados acontecerem.

Com dez dias de trabalho, eu havia entrevistado as nove pessoas da minha lista e escutado histórias interessantes. O fato que chamou minha atenção é que estávamos no rumo certo. Todas elas confiavam nas mudanças e na profissionalização que a empresa adotara nos últimos anos. Eram colaboradores satisfeitos e muito engajados. No resumo do relatório, vi claramente uma cultura voltada para resultados no jeito de usarem rituais e gestão. Os relatos das relações transversais com outras áreas confirmaram a tendência de trabalhar para o resultado com foco em estrutura e ordem. O nível de cobrança era alto e as pessoas eram valorizadas pelo que entregavam.

Pronto, havia cumprido minha missão. Completei meu relatório com umas cinquenta páginas e enviei o documento para a Lisa. Não via a hora de nos reunirmos para entender qual era a realidade da empresa e seu futuro cultural.

Todas as tardes eu procurava me dedicar a conhecer mais a rede de fornecedores. Meu diretor de suprimentos era um profundo conhecedor do mercado. Renato tinha o maior prazer em me apresentar aos fornecedores mais estratégicos. Eu já havia conhecido e conversado com quase todos os parceiros A da curva ABC. Os A representavam aqueles que mais impactavam o nosso negócio em termos de lucro, seja pela margem, seja pelo volume. Nossas negociações eram sempre duras, porém respeitosas, e com frequência passávamos por um período tenso nas mudanças de tabela e reajustes de preços. Nossos compradores eram muito bem treinados.

Sempre os via em cursos de desenvolvimento para lidar com fornecedores. Tínhamos os números de tudo. Era essa a nossa vantagem competitiva e foi o Bonamigo que trouxe esse modelo. Nós sabíamos o que cada fornecedor fazia, que margens tinham, qual era o fluxo maior de produção, qual era o período de gargalo deles, os problemas com mão de obra, custos etc. Ou seja, negociar conosco não era tarefa fácil. Sabíamos se eles estavam blefando ou não. Por isso, conseguíamos preços muito competitivos. Eu via claramente que nosso problema eram as vendas nas lojas e que precisávamos mudar a cultura para alcançar o mesmo patamar de compras.

No fundo, eu queria visitar todas as lojas da América e da Europa. Fiz uma agenda para cumprir essa meta em três meses. Eu não podia aguardar uma definição da cultura para ajustar toda a estratégia de vendas da empresa. Sabia que não tinha muito tempo. Se não freasse a queda da margem no primeiro ano, eu estaria fora.

Minha secretária, quando viu a lista e começou a organizar as viagens, me perguntou:

— Como foi a conversa com o José Luiz Paixão?

— Não chegamos a conversar — respondi —, pois ele estava de férias e as outras entrevistas foram ótimas porque mostraram toda a coerência de que precisávamos.

— Eu o avisei de que o senhor ia chamá-lo. Ele ficou muito feliz.

— Avise-o de que não precisarei mais.

— O senhor conheceu o Paixão?
— Não.
— Ele provavelmente já preparou a loja para a sua visita.
— Então diga a ele que não será mais necessário.
— O.k.

Trinta minutos após minha secretaria ter saído, meu telefone tocou de um prefixo do interior de São Paulo:

— Senhor Gelson?
— Sim.
— Muito prazer em falar com o senhor. Soube que fez muitos ajustes positivos na nossa querida Homedere e quer entender mais a história para nos ajudar a evoluir com as margens, não é isso?
— Sim. Quem fala?
— Sou José Luiz Paixão. Aqui da loja de Sorocaba.
— Ah! Eu sei! Eu ia falar com você...
— Senhor Gelson, me desculpe por estar de férias, mas antecipei minha volta para podermos conversar. Estou pronto. Em que dia o senhor virá?

Fiquei sem saída. Como ia dizer "não" para o homem? Bom, eu nunca tinha ido à loja de Sorocaba e ficava a apenas uma hora de São Paulo, além de ser uma oportunidade de visitar outras lojas na região e também um fornecedor importante. Então respondi:

— O.k., vou aí na sexta desta semana. Chegarei bem cedo e antes das dez terei outros compromissos na região.

— Que ótimo, senhor Gelson. Será uma honra tê-lo aqui. Pode contar comigo para o que precisar. Aguardo o senhor às oito, certo?

— Certo. Obrigado.

Eu me vi em uma situação bem delicada! O homem era muito doce e simpático, com tanta energia, entusiasmo e alegria que não pude recusar o encontro. Parecia que ele estava recebendo a pessoa mais importante deste mundo. Como, às vezes, é difícil dizer "não"!

Sexta-feira era um bom dia para marcar compromissos, pois tinha uma agenda móvel. Na quinta eu teria a primeira devolutiva das entrevistas de cultura. Seria ótimo ouvir os comentários e já definir toda a estratégia.

7
A realidade

O trânsito intenso de São Paulo já não me irritava há tempos. Depois do smartphone, os carros inteligentes me salvaram da minha ansiedade. Sou uma pessoa inquieta, que precisa de atividade continuamente. Durante os períodos no trânsito, ouço audiolivros, faço reuniões coletivas e tomo decisões, além de escutar um bom e velho rock de vez em quando.

Era quinta-feira e teríamos a reunião geral do comitê de cultura às nove horas. Eu estava ansioso para ouvir os relatórios. Gastei quase uma hora do Morumbi até a sede da empresa. Normalmente, eu levava vinte minutos. Impressionante como a famosa Lei de Murphy acontece. Exatamente no dia em que não queria me atrasar, cheguei quinze minutos atrasado. Na Homedere, um minuto é considerado atraso. Abri a porta, constrangido, e sentei na cadeira sem cumprimentar as pessoas para não atrapalhar. Participava da reunião, além do comitê, todo o corpo executivo. Lisa estava falando sobre os dados demográficos. Duzentas e noventa e sete pessoas selecionadas foram ouvidas. Os critérios de diversidade, tempo, visão e senioridade foram atingidos.

Assim, Lisa iniciou trazendo as conclusões:

— A Homedere vive uma luta interna do passado com o presente. Sua estrutura atual é voltada para resultados, mas as pessoas querem relacionamento. Acreditam que devem fazer de tudo para o cliente e relutam em seguir padrões de gestão. Não são favoráveis à meritocracia, que hoje faz parte do modelo de participação de resultados. Por outro lado, na Europa, temos uma Homedere inteiramente militarizada. As pessoas seguem hierarquias. Enxergam a empresa como uma grande mãe que deve proteger tudo e todos. Os sindicatos dos países europeus reforçam isso. Portanto, vocês têm um grande desafio. São duas Homedere e elas brigam entre si.

Lisa falou por uma hora, tirando uma série de conclusões. Ao final, Bonamigo se levantou e disse:

— Meus caros, se nós não mudarmos isso com determinação, nosso negócio vai acabar. Precisamos definitivamente enterrar o passado e instaurar o modelo que queremos, antes que seja tarde.

Suzana balançava a cabeça com entusiasmo. Yuri não demonstrou nenhuma emoção, apenas ouvia todos com muita atenção. Saímos dali convictos de que precisávamos mudar mesmo. A próxima reunião já estava marcada para a semana seguinte e tínhamos a pauta: definir a cultura ideal.

8
Por dentro da história

Logo pela manhã costumo gastar energia, não só porque é saudável, mas por ser uma opção extraordinária para me libertar dos excessos que me levam à ansiedade. Tempos atrás, quando era o *head* da divisão de alimentos de uma multinacional nos Estados Unidos, consultei um médico sobre minhas crises de ansiedade, quando eu acabava estressando minhas equipes. Ele foi o único que me mostrou a ansiedade como uma doença que eu tinha que tratar. Como tenho uma natureza visionária, consigo enxergar cenários sistêmicos e complexos somados à minha alta exigência e senso de dono; quero resolver tudo e para ontem. Não sou uma pessoa dura, grosseira e intimidadora como muitos chefes que tive, mas minha energia é contagiante. Quando entendi minha maneira de olhar para o mundo e a traduzi em ações, vi que precisava mudar minha forma de lidar comigo mesmo. Esse médico americano, que, na verdade, era indiano, me colocou para trabalhar três aspectos: o físico, o mental e o espiritual.

    Eu dominei o físico. Todas as manhãs faço ginástica funcional por trinta minutos e corrida por uma hora. Isso ajusta totalmente minhas energias e balanceia minha impulsividade. Depois que passei a me exercitar, meu semblante ficou leve e minha vida mudou muito. Certamente, as equipes que tive agradeceram muito, pois me tornei uma pessoa melhor.

    Era sexta-feira e minha jornada, como de costume, começara bem cedo. Levantei-me às 4h30 para fazer minha ginástica funcional e às 6h30 já estava na estrada em direção à Sorocaba a fim de me encontrar com o gerente da loja, José Luiz Paixão. Na verdade, estava cumprindo tabela para não deixar o homem triste por ter antecipado o retorno de suas férias. A Homedere disponibilizava helicóptero para ganharmos tempo, e também tínhamos um avião Citation para uso exclusivo da alta direção. Em termos de custo-benefício, valia a pena, mas às vezes eu preferia ir de carro, pois gosto de sentir a experiência do cliente.

Minha viagem foi rápida e na própria rodovia já conseguia enxergar os grandes letreiros verdes da Homedere. Parei no estacionamento coberto e fui andando até a entrada da loja, que havia sido aberta pontualmente e já contava com muitos clientes nela.

Perguntei a uma caixa na entrada sobre o gerente da loja e ela me informou que ele estava no setor de jardinagem.

Nossas lojas são muito grandes, todas setorizadas e muito bem sinalizadas. Facilmente eu localizei um senhor negro de uns 70 anos, conversando animadamente com um casal jovem. Ele percebeu que eu havia chegado e se antecipou.

— Senhor Gelson?

— Sim — eu disse —, mas pode continuar o atendimento que eu espero.

— Não demora, eu apenas pedi que eles detalhassem a planta da cobertura que compraram para poder indicar o melhor especialista para ajudá-los.

Passaram-se cinco minutos e José Luiz Paixão veio com um largo sorriso no rosto.

— Estou muito feliz que o senhor tenha saído de São Paulo para visitar nossa loja e conversar comigo.

— Sim — eu disse —, e não tomarei muito de seu tempo. São apenas algumas perguntas que eu queria fazer sobre a história da Homedere.

— Mas será um prazer. Vamos à cafeteria para conversar e tomar um café fresquinho?

Nós nos dirigimos ao café e eu tinha a intenção de dispensar uns trinta minutos com ele.

Ao sentar, ele olhou de uma forma muito carinhosa nos meus olhos e disse:

— Eu tenho 69 anos e comecei a trabalhar aqui com 19.

Eu perguntei:

— Mas eu analisei seus registros e consta que entrou aos 29.

— Sim, fui registrado aos 29 anos, mas trabalhava desde os 19 sem carteira.

— E o departamento pessoal sabe disso?

— Sabe, o sr. Ivanir me deu uma compensação e regularizamos tudo. Mas não precisava. Eu não me importo de não ter minha carteira assinada. Fiz minha história aqui e aprendi muito. Não tenho como agradecer.

Após um momento, ele continuou:

— Comecei como carregador e embalador nesta loja. O senhor sabia que tudo começou aqui em Sorocaba e exatamente nesta loja?

— Não sabia — respondi, perplexo. Aliás, me perguntei: como eu não sabia disso?!!

— No início, tínhamos apenas móveis para casas e apartamentos. Eu era muito jovem e muito malandro. Meu pai era amigo do sr. Ivanir e pediu uma oportunidade para eu trabalhar com ele. O sr. Ivanir não deu muita atenção nem demonstrou interesse ao me conhecer, pois sentiu que eu não era muito afeito ao trabalho. Meu pai disse para o sr. Ivanir que pagaria o meu salário desde que eu não soubesse. O homem achou estranho e perguntou se era isso mesmo que meu pai queria. Convicto, meu pai disse: "Prefiro pagar para fazer do meu filho alguém na vida do que ver ele na malandragem".

O Paixão prosseguiu:

— Meu pai era dono de uma oficina mecânica e tínhamos uma vida simples, mas não faltava nada. Eu frequentava a escola e tínhamos uma vida social muito harmoniosa. Pois bem, o sr. Ivanir aceitou a proposta do meu pai e me colocou como carregador. O senhor não tem ideia de quão feliz meu pai ficou em me ver pegando literalmente no pesado. Ali comecei minha jornada nesta magnífica empresa.

— Quantos funcionários havia no início? — perguntei, curioso.

— Éramos 23. Dona Genara Dere cuidava da contabilidade e recebimentos e o sr. Ivanir fazia de tudo, mas gostava mesmo era de se relacionar com clientes e fornecedores. Havia um gerente, sete vendedores, quatro montadores, três embaladores, dois carregadores, dois estoquistas, um caixa e um auxiliar administrativo. Olha, nós trabalhávamos por dez, cada um de nós. A loja era um sucesso absoluto.

— Como vocês vendiam, se relacionavam e cresceram tanto?

— Ah, essa empresa tem segredos muito ocultos. Tudo começa na mente do sr. Ivanir, ele é a alma do lugar. Ele nunca enxergou a empresa como um comércio de móveis e coisas do lar. Ele sempre tratou o negócio como uma solução prática para a vida das pessoas. Certa vez, ele precisou mudar de casa, pois teve problemas com o proprietário, que queria incorporar o imóvel para uma construtora. O sr. Ivanir, ainda jovem, mas muito empreendedor, trabalhava com venda de enciclopédias e ganhava um bom dinheiro. Ele foi procurar outro lugar para morar e sua esposa, dona Genara, adorou uma casa simples, mas os móveis que eles tinham não se encaixavam lá. Ambos passaram um bom tempo pesquisando e buscando soluções que coubessem no seu orçamento e no modelo da casa para a qual estavam se mudando. Ele conta que tudo foi tão difícil que viu ali uma oportunidade de negócio que pudesse auxiliar as pessoas a mobiliar suas casas do jeito que queriam, com coisas boas, práticas, funcionais e preço justo. Ele encontrou na região dois marceneiros que tinham ótimos preços e os convidou para ser fornecedores de alguns clientes que ele conhecia. No início, o sr. Ivanir indicava os marceneiros e ganhava comissões. Depois de um tempo, ele passou a se interessar pelos problemas e realidades dos clientes, e por buscar soluções práticas com os fornecedores. Assim, as coisas tomaram um volume tão grande que ele decidiu abrir uma loja. Que, por sinal, é esta em que estamos agora. Ele alugou e reformou um espaço de mil metros quadrados. Era tudo que tinha. Hoje são 24 mil metros quadrados, mas, naquela época, a loja era uma monstruosidade que chamava a atenção dos clientes e atraía muita gente. O sr. Ivanir não se preocupava em vender, esse não era o verdadeiro objetivo dele. Ele queria inventar soluções e resolver o problema do cliente. Ao mesmo tempo, ele era superconectado com os fornecedores e gostava de desenvolver soluções. Foi a criatividade dele que impulsionou tudo, pois ele era inquieto e sempre que aparecia gente com necessidades específicas, ele buscava saídas no mercado e trazia novas linhas para dentro da loja. O senhor pode imaginar como a loja foi ficando pequena!

Eu estava profundamente envolvido com aquela história, tão diferente da de todos os outros nove colaboradores com quem eu havia conversado. E perguntei:

— Conte mais. Como foram crescendo?

— Sem muito esforço. O sr. Ivanir sempre foi um homem muito generoso, que trabalhava por causas. Ele fundou um clube de serviços aqui, participava da Jornada Solidária ao Menor na cidade, e sempre apostou no desenvolvimento de produtos. Ele falava que nosso papel era ouvir o cliente, enxergar suas necessidades e ir atrás de soluções desenvolvendo produtos que pudessem ser escaláveis. Esse é um dos segredos do sucesso.

Eu parei para anotar e pedi:

— Repete para mim.

— Claro — dispôs-se o Paixão. — Ouvir o cliente e identificar sua necessidade com uma perspectiva de escala, ou seja, detectar aquilo em que vale a pena gastar energia porque vai servir para muitos e, servindo para muitos, consegue-se escalar para ter preços o mais baixos possível. Depois de ter descoberto os melhores produtos, era hora que ir atrás dos melhores fornecedores. O sr. Ivanir tinha uma adoração pelos fornecedores e eles pelo sr. Ivanir. Ele tratava os fornecedores como irmãos em uma família. E dizia a eles que todos iriam crescer se ajudassem a Homedere a crescer. Ele pagava bônus de produtividade por produtos escaláveis que atingissem determinados volumes. Então, ele estabeleceu uma regra que cliente era rei e fornecedor era irmão da Homedere. Nós vivíamos isso no sangue. Nossos resultados vinham desse modelo.

Eu estava encantado com o entusiasmo daquele homem, que continuava a contar a história.

— O sr. Ivanir percebeu que muita gente vinha de São Paulo para Sorocaba, mas havia um pouco de preconceito. Então ele decidiu abrir sua segunda loja exatamente na capital paulista. Olha, ele abriu uma loja três vezes maior do que esta e foi um estrondoso sucesso. A partir daí fomos ocupando todo o interior de São Paulo, Paraná, Santa Catarina e Rio Grande do Sul. O sr. Ivanir não gostava muito do Rio de Janeiro e nunca priorizou o Estado. Foi um erro dele, pois quando abrimos a primeira loja lá, ela entrou no ranking das cinco melhores do Brasil rapidamente. Assim fomos crescendo por todo o país.

Quando me dei conta, estávamos conversando havia cinco horas e parecia que eu não tinha visto da missa um terço, ou seja, queria muito mais. Mas eu havia marcado alguns compromissos à tarde e não podia mais ficar com o Paixão, como ele costuma ser chamado.

Despedi-me, agradeci profundamente e segui para minha rota da sexta.

Durante todo o dia, até voltar para casa, não conseguia parar de pensar no Paixão e na história que ele havia me contado com tanta riqueza de detalhes.

9
Raízes da Homedere

Meus fins de semana normalmente incluem rituais fixos que me complementam e energizam. Sempre inicio o sábado com atividades físicas, separo um tempo para ler, adoro filmes de ficção, gosto de ir a shows, teatro, festivais e festas. Tenho uma rede de relacionamentos grande e, portanto, sou constantemente convidado para eventos. Minha família é muito interessante. Somos eu e dois irmãos mais velhos. Gildo e Gustavo. Os três nomes começando com a letra G. Mais brega que isso, eu desconheço. Fico imaginando como seria se eu tivesse tido mais duas irmãs, Geralda e Gumercinda. Que horror. Quem teve essa ideia terrível foi minha mãe, d. Guida. Meus pais faleceram há alguns anos. Eles eram muito ligados um ao outro, e quando meu pai morreu de um aneurisma, minha mãe faleceu meses depois de depressão e tristeza. Teve uma parada cardíaca dormindo e foi ao encontro dele. Meus irmãos montaram uma corretora de imóveis bem-sucedida no interior de São Paulo. Somos uma família unida, nos falamos e nos encontramos sempre.

Este sábado era nosso encontro de irmãos, quando degustaríamos um belo churrasco. Iniciamos cedo, por volta das dez. A família estava reunida e alguns amigos também. Eu adoro esses encontros em que podemos falar de diversos assuntos. Durante todo o evento, eu comentei muito sobre a história da Homedere e eles ficaram encantados. Um dos nossos amigos complementou contando uma experiência positiva que teve com a Homedere havia alguns anos.

Ele disse: "Olha, isso tem quase vinte anos, mas nunca saiu da minha cabeça. Eu fui a uma das lojas para comprar grama. Uma grama especial, tratada e que crescia mais rápido que outras. Pois bem, lá cheguei e um vendedor começou a conversar comigo e descobriu que eu tinha um outro problema, que era o que fazer com as fezes dos cachorros. Ele disse que não havia uma solução na loja, mas que ia levar isso para o sr. Ivanir. Meus amigos, um ano depois, esse mesmo vendedor me ligou e disse que a loja tinha desenvolvido, junto com um fornecedor, um sistema acoplado à tubulação e encanamentos que já faz o tratamento das fezes e as transforma em adubo. Eu fui até lá, ele fez uma demonstração e eu comprei o produto. Não é que funcionou?

Acabei indicando-o para um monte de gente que foi lá e comprou também. Eu fiquei encantado. Nunca vi uma empresa agir dessa forma, criando memória, com clientes".

Aquele depoimento chancelou tudo que o Paixão havia me contado na sexta. Eu não conseguia mais ficar no churrasco, precisava conversar mais com o Paixão. Eu sabia que ele tinha muito mais a dizer além do relatado durante o tempo que passamos juntos.

Ali mesmo liguei para o Paixão e perguntei o que ele iria fazer no domingo. Ele respondeu, com seu entusiasmo contagiante, que iria com o neto pescar num rio próximo, e se eu gostaria de acompanhá-los. Aceitei na hora.

Marcamos de nos encontrar num ponto da estrada às nove da manhã e dali seguiríamos por trinta minutos até o rio. Assim, fechei meu sábado animado com o encontro no domingo.

O domingo começou ensolarado e eu já com o pé na estrada. Quando me aproximei do ponto de encontro, vi o Paixão acenando do acostamento diante de uma Ford Ranger, com um grande sorriso. Deixei meu carro no posto de gasolina que ficava ao fundo e segui com eles. Seu neto era um encanto, um menino de 13 anos bastante amadurecido para a idade.

    Paramos o carro em uma encosta e seguimos por uma trilha que nos levou ao rio. Descemos a ribanceira íngreme e notei um pequeno barco coberto nos esperando. Entramos no barco e seguimos o fluxo do rio. Em certo ponto, eles jogaram uma âncora e ali ficamos, com varas e anzóis a postos. Eu iniciei a conversa:

— Depois que conversamos na sexta, me deu vontade de saber mais sobre a sua jornada na empresa. Como você chegou a gerente de loja?

    Ele parou, olhou um pouco para o céu e respondeu:

— Nossa, foi tanta coisa que eu vivi! Quando era embalador, fazia de tudo. Eu carregava produto para o caminhão e às vezes ia junto fazer a entrega. Até ajudava na instalação quando preciso. Ou seja, eu era pau para toda obra. Adorava o que fazia, pois o sr. Ivanir conseguiu me fazer ver o sentido das coisas. Eu tinha um papel a cumprir e nós tínhamos uma missão. Depois de um tempo, o sr. Ivanir procurou meu pai e disse que eu era uma pessoa muito especial e que ele apostava em mim, e que dali em diante ele pagaria meu salário. Você não tem ideia da alegria do meu pai. O sr. Ivanir falou que iria se concentrar em me ajudar a evoluir. E realmente fez isso, mas não foi só comigo, foi com todo mundo em quem ele acreditava. Era um homem muito seletivo. Com ele, era oito ou oitenta. Ou ele acredita em você ou não acredita. Não existe meio-termo. Se ele acreditar, pode apostar que fará diferença na sua vida. Pois bem, depois de quase dezoito meses trabalhando como pau para toda obra, o sr. Ivanir me deu a chance de ir para o caixa da loja. Eu me senti um banqueiro, lidando com pagamentos e valores. Como eu não entendia muito de nada, decidi fazer um curso de contabilidade com o dinheiro extra que passaria a ganhar. Meu pai chegou junto e se dispôs a ajudar no curso técnico. Eu só tinha o segundo grau completo e não me interessava por faculdades. Achava tudo muito distante da realidade. Sempre preferi adquirir habilidades técnicas. No início, tudo era muito complicado porque havia muitos controles no caixa. O que era dinheiro por dentro e por fora. Eu não entendia por que se fazia isso até descobrir os valores exorbitantes de impostos que pagávamos. Eu achava que o dinheiro todo ficava para o sr. Ivanir e para a dona Genara. Doce engano. O governo ganhava mais do que eles. O sr. Ivanir era revoltado com o fisco e fazia de tudo para sonegar. Ele dizia que o governo existe para tirar dinheiro de quem produz e colocá-lo nas mãos de políticos corruptos que, por sua vez, distribuem uma miséria para a população fazendo alarde com marketing. Eu acabei tomando raiva do governo e de fiscais. Eles sempre vinham para nos prejudicar. O sr. Ivanir dizia que cada multa que tomava aumentava a vontade dele de sonegar, e nós sonegávamos tudo que podíamos. Por isso eu tinha sistemas bem complexos no caixa, com controles separados.

Paixão fez uma pausa, e continuou:

— Minha passagem pelo caixa durou dois anos e pude aperfeiçoar muito o sistema de controles para facilitar a nossa vida. Depois dona Genara viu potencial em mim e pediu que eu melhorasse os controles de mercadorias das lojas. Eu estava ficando craque em controles. Enquanto mapeava o fluxo das mercadorias, encontrei um jeito de medir a produtividade delas pelo tempo de estoque. Ninguém havia se tocado sobre o custo da mercadoria parada e eu trouxe essa conta para dentro da empresa. O sr. Ivanir chegou a me convidar para almoçar na casa dele a fim de entender esse sistema de cálculo. Ele ficou encantado. Quando passamos a melhorar os controles de mercadorias, fui incrementando outros controles que nos deram visão do negócio e do giro. Isso impactou o controle de fluxo de caixa, que era totalmente largado. Nós já estávamos com mais de dez lojas, e montar lojas não era mais um custo. Já tínhamos um modelo e os fornecedores entravam com seus produtos financiando a nova unidade. Você pode imaginar quão rápido crescemos com o financiamento de estoque. As lojas eram todas compradas, por parte, em permuta. O sr. Ivanir procurava um terreno e oferecia ao dono a possibilidade de ser sócio na construção do imóvel. Assim, o sr. Ivanir não pagava pelos terrenos e pôde crescer rápido.

Eu perguntei:

— E você? Qual foi o movimento seguinte?

— Nós estávamos com muitas lojas e conseguíamos formar as pessoas. O sr. Ivanir é um grande educador e montou um sistema interno de formação de pessoal. Nenhum gerente veio de fora. Todos eram da casa. Cresceram como vendedores, consultores e técnicos. Um dia o sr. Ivanir me chamou e disse que eu precisava liderar os gerentes. Respondi a ele que não podia, pois como lideraria alguém em uma função que nunca ocupei? Ele achou sensata a minha negativa, colocou-me na pior loja da rede e me disse: "Acredito que você vai virar o jogo desta loja e assim ganhará moral para liderar os gerentes". Pois bem, fiquei na loja por quatro anos. Foi o melhor MBA que fiz na minha vida.

— Conte-me sobre esse MBA — pedi a ele.

— A loja tinha lucro, mas era muito pequeno. Ficava em Joinville. Eu me mudei para lá com a família. Eram 10 mil metros de área com 150 funcionários. Eu já tinha conhecimentos sobre logística, entrega e fluxos financeiros, mas não entendia da relação mais importante da empresa: a obsessão por buscar soluções entre clientes e fornecedores. Eu não dominava essa matéria. Não éramos uma empresa de vendas, simplesmente. Sempre fomos orientados para a inovação. Isso é que eu não dominava. Quando cheguei à loja, descobri um monte de vendedores desorientados porque as margens estavam baixas. O gerente anterior havia feito coisas boas, mas não tinha a equipe na mão. Ele era distante. Assim, minha primeira missão foi conhecer a fundo cada funcionário. Primeiro gravei o nome de todos. Isso mudou a relação e aproximou-os de mim. Pessoas adoram se sentir valorizadas de verdade. E eu sempre gostei de gente. Então, foi fácil. Em resumo, descobri em pouco tempo que todos eram apaixonados pela empresa, mas não sabiam trabalhar da forma certa. Eles faziam coisas erradas com a melhor das intenções. Eu não podia fazê-los se sentir mal por isso. Precisava ensiná-los a produzir com mais inteligência.

De repente, no meio da explicação, Paixão para tudo e se volta para o rio. Um peixe interrompera a nossa conversa. A vara trepidava forte e o peixe nadava de um lado para o outro. O neto parou para ver o avô tirar o peixe da água. Paixão deu linha e permitiu que o peixe se afastasse quando, de repente, travou e deu uma puxada forte na direção contrária. Assim foi fazendo e recolhendo o animal até que o peixe chegou próximo do nosso barco e o puxamos, já cansado e sem forças, para dentro. Era uma espécie pintada. Eu perguntei:

— Que peixe é esse?

O neto me respondeu:

— É um surubim-caparari.

O avô completou:

— Também conhecido como moleque. Uma delícia!

A alegria tomou conta de ambos naquele momento, pois há tempos não pegavam um peixe tão bom de carne e tamanho. Parece que eu tinha lhes dado sorte. Retornamos com o barco e nos dirigimos para o carro. Eles tinham um isopor grande cheio de gelo onde colocaram o peixe para mantê-lo bem fresco. Seguimos até o posto onde eu havia deixado o meu carro e

Paixão me convidou para ir à sua casa, almoçar. Mas já eram mais de três horas e eu precisava voltar antes que o trânsito de São Paulo fechasse a cidade. Havia sido uma manhã muito reveladora para mim. Eu começava a entender a origem da empresa.

10

A um passo do futuro

Acordei com uma betoneira berrando na rua. Primeiramente assustado e depois irritado, levantei-me e fui até a janela. Que raios estava acontecendo? Vi o início de uma obra da prefeitura. Eles estavam redesenhando a praça para criar um espaço alternativo para idosos e crianças.

Eu sempre me preocupei com a velhice. Pensava: *Tenho apenas uma filha que mora fora do país e é pouco provável que volte. Quem irá cuidar de mim? Como estarei quando estiver bem idoso?*

Esse receio de ficar sozinho me dava muita angústia e reforçava sempre a minha determinação com o condicionamento físico. Quanto mais eu pudesse prolongar minha forma física, menos dependeria de terceiros.

Sempre acreditei que poderíamos viver mais e melhor desde que pudéssemos conciliar trabalho, lazer e vida afetiva. Eu não tinha nenhuma perspectiva de vida afetiva, só pensava em fazer as coisas acontecerem na Homedere.

Hoje era um dia importante, pois às nove horas teria a primeira reunião para começarmos a definir a cultura que adotaríamos na Homedere. Eu estava ansioso para construirmos isso.

Cheguei à sede da empresa e estacionei o carro em uma vaga perto do saguão. Ali eu vi Lisa e Suzana conversando na entrada do elevador. Eu me aproximei e elas sorriram simultaneamente. Perguntei:

— Chegaram juntas?

— Não, Lisa dormiu lá em casa. Ela é de casa! — respondeu Suzana.

— Que interessante — falei.

Suzana prosseguiu:

— Nós estudamos juntas em San Francisco, na Califórnia, e ficamos muito amigas.

— Que interessante — eu repeti. — Há quanto tempo?

— Quando estávamos concluindo a *high school* — disse Lisa.

— Então vocês eram novinhas! — comentei.

— Sim, e depois de lá mantivemos contato e nos encontramos muitas vezes — concluiu Suzana.

— Bacana — eu me limitei a dizer.

Subimos até o sétimo andar, onde teríamos uma longa reunião. Na sala ao final do corredor estavam nos esperando o nosso CEO, o VP Bonamigo, a gerente de RH, o gerente de planejamento e mais algumas pessoas em cargos de diretoria. Havia um café com alguns pequenos sanduíches leves, além de suco, bolo e frutas. Eu já não tinha condição de comer nada, e o café era a única coisa que eu não podia deixar passar.

Todos estavam com uma cara boa e bem energizados para a reunião.

Suzana iniciou os trabalhos e conferiu se havíamos cumprido nossos estudos sobre os resultados da cultura apresentada. Falamos um pouco sobre nossas opiniões e assim estávamos, vamos dizer, na mesma página da tarefa.

Lisa apresentou alguns novos dados de pesquisa e encaminhou uma sugestão de modelo de cultura que seria mais aderente ao futuro do negócio. O modelo chamava-se "a força da união". Ela iniciou as justificativas.

— Como disse antes, a Homedere é uma empresa que vive uma luta interna entre passado e presente, com uma estrutura militarizada na Europa e, na América, atua como uma mãezona protetora. A empresa está em guerra. Desde a época de César, imperador romano, é sabido que se ganha uma guerra enfraquecendo o inimigo, e faz-se isso dividindo-se as forças dele. Hoje, é o que ocorre com vocês. Vocês não têm união. Cada loja trabalha por conta própria, cada núcleo de negócio quer fazer suas entregas sem se preocupar com os outros. A América não está integrada com a Europa, os negócios não se conversam e não há aprendizagem. Por que isso ocorre? Porque não existe cultura de uma só equipe, de um só barco. Se o barco afunda, afundam todos e essa percepção não existe aqui, tampouco os comportamentos coletivos associados a ela. Quais são os impactos que isso gera?

Lisa pontuou-os:

— Baixa produtividade, pois as pessoas ainda entendem que têm de trabalhar muito; margens baixas, pois não há diálogo; áreas inchadas, pois não se usa sinergia funcional; uma nostalgia que nega o futuro. — E concluiu:

— Por isso, os riscos tomados por vocês são queda acentuada de margens e perda gradual de talentos por não serem uma empresa atrativa.

Ela falou por cinquenta minutos, trazendo exemplos e números. Ao final, Yuri perguntou:

— Então, qual é a cultura, mesmo?

Lisa respondeu:

— Minha proposta é muito clara: "a força da união". O foco seria construir uma cultura de integração e sinergia que desse à empresa a força para resolver os problemas de comunicação e relacionamento, uma cultura que transcendesse as hierarquias que travam a agilidade organizacional.

Bonamigo nem esperou ela terminar e arrematou:

— Brilhante! É essa a cultura de que precisamos para nos reposicionar e melhorar as nossas margens.

Estávamos encantados com tudo quando me veio à mente o José Luiz Paixão. Lembrei-me dele falando: "Tudo o que queríamos era encontrar soluções nos fornecedores para os clientes". Essa frase ficou retumbando na minha cabeça enquanto várias pessoas se manifestavam na reunião. Ficamos por mais noventa minutos debatendo a sugestão de cultura e então fizemos uma rodada de avaliação sobre a conveniência dessa mudança. Um a um, os participantes se posicionaram a favor. Quando chegou a minha vez, respirei fundo e perguntei:

— Lisa, me perdoe se eu estiver indo longe demais, mas não existiria algo antes disso?

Lisa ficou perplexa e perguntou:

— Algo como?

— Não sei. Apenas me ocorreu que talvez tivesse algo antes disso.

Bonamigo interveio:

— Não tem nada antes disso; é princípio, meio e fim. É essa cultura que precisamos trazer para cá.

— Sim, Bonamigo. Tudo que foi falado faz muito sentido. Mas estou em dúvida se não deveria haver algo mais antes de darmos esse passo.

— Gelson, eu não vejo nada antes disso — opinou Suzana. — Vejo que, se nós conseguirmos criar uma cultura de união, teremos muitas vantagens competitivas.

— Sim, eu concordo. Mas a união não poderia ser a consequência de um comportamento coletivo anterior? — ponderei.

Pronto, minha colocação foi suficiente para que várias pessoas começassem a discutir. Abriram-se diversas frentes sobre isso e Suzana ficou muito desconfortável, ainda que não quisesse demonstrá-lo. Bonamigo, então, nem se fala. Ele se levantou e foi tomar um café. Nosso CEO falou bem pouco, como de costume. Normalmente, quando ele se manifesta, é muito claro e determinante.

Já era uma hora da tarde e não havíamos almoçado. Yuri interrompeu a discussão e pediu que refletíssemos sobre tudo que havia sido dito para que pudéssemos amadurecer melhor as ideias. E convocou outra reunião dentro de 48 horas.

Terminamos a reunião e Suzana saiu com Lisa antecipadamente pelo corredor. Parecia muito ansiosa. Bonamigo caminhou na direção oposta. Eu senti que havia mexido em um vespeiro. Mas tudo bem, eu não conseguiria ficar calado, mesmo. Aquela resolução não havia me descido bem e eu precisava entender mais o que se passava em minha mente.

No restante do dia eu só pensava no Paixão. Precisava conversar com ele.

11

Um passo atrás do futuro

Eu ouvia audiolivro toda vez que pegava a estrada. Adoro dirigir e estava a caminho de Sorocaba, pois tinha marcado uma reunião com o Paixão. Guiava ligadíssimo na minha nova aquisição: *A lei*, de Frédéric Bastiat. O livro me mostrava muito do universo dos princípios e regulações do Estado. Falava dos benefícios que a liberdade pode trazer ao cidadão por meio de um Estado organizado, mínimo e eficiente. Isso era algo impensável para o Brasil. Um país de natureza desorganizada, ineficiente, com um Estado gigante para alimentar políticos corruptos. Sempre que pensava no modelo de Estado brasileiro me dava cansaço. Quanta perda de tempo e energia em um país com tanto potencial e tanta bagunça política. Nós poderíamos ser muito mais se seguíssemos o lema de nossa bandeira à risca: ordem e progresso.

Eu já avistava a placa Homedere da própria rodovia. Chegando ao estacionamento, vi o Paixão na porta e acenando para mim, o que me alegrou bastante. Eu não queria fazer uma *video call* com ele, pois havia um ímpeto em mim de estar mais próximo. Apesar de ter habilidades tecnológicas, sempre gostei muito do encontro cara a cara.

Estacionei na área coberta, subimos pela esteira rolante e já nos deparávamos com a sequência de caixas. Fomos caminhando pela loja e ele começou a me mostrar alguns produtos que estavam com ótima saída, e eram de fornecedores novos. Entusiasmado, Paixão oferecia detalhes de como construíram a relação e envolveram a área de suprimentos antes de eu assumir como vice-presidente comercial.

Não me contive e decidi compartilhar com ele o que estávamos tratando na reunião de cultura, até porque as pessoas sabiam que havia um trabalho nesse sentido. Eu perguntei:

— Paixão, você sabe o que é cultura organizacional?

— Não — ele respondeu. — Eu sei que isso está sendo discutido, mas não sei explicar!

— Bom, eu também estou aprendendo, mas participei de alguns *workshops* e entendi primariamente algumas coisas. Por exemplo, cultura é o jeito de ser de um grupo. É um comportamento coletivo aceito por um conjunto de pessoas.

— Ah, entendi! É algo que as pessoas pensam e fazem de forma padrão, combinado ou não.

— Isso!

— Eu nunca estudei sobre isso, mas me lembro de que há muitos anos eu, o sr. Ivanir e mais uns dois gerentes discutimos por que algumas lojas vendiam bem e outras, não. Eu fui indicado para descobrir o que estava acontecendo. Foi muito interessante. As lojas com vendas mais fracas estavam localizadas em Minas Gerais e Bahia, então fui visitar uma delas para entender a situação. O sr. Ivanir sempre foi muito paciente e dizia para eu não ter pressa, pois o mais importante era descobrir o problema e resolvê-lo. Cheguei à loja e comecei a ver o fluxo de clientes, a acompanhar as reuniões e observar como as pessoas agiam e pensavam. Não tinha por hábito – e isso era até orientação do sr. Ivanir – fazer qualquer coisa sem antes entender a fundo o que estava ocorrendo. O gerente que tinha assumido a loja estava lá havia seis meses. Ele fora promovido de encarregado sênior. Era o tipo de pessoa muito centrada e centralizadora. Depois eu descobri que, no fundo, isso escondia insegurança. Ele tinha uma personalidade muito forte e conseguiu, por falha nossa, promover os encarregados de que ele mais gostava. Percebi que todos os líderes abaixo dele o imitavam. Fui vendo que as reuniões eram muito duras, sempre cobrando resultados e não dando às pessoas a chance e o espaço para interagir. Como ele tinha uma presença forte, a equipe ficou inibida e, para se sentirem seguros, os colaboradores passaram a trazer tudo que iriam fazer para ele e os encarregados. Com mais dois dias de visita, ficou claro que ele imprimiu o jeito dele de tocar o negócio, e isso acabou afetando os resultados porque nosso jeito era baseado em relacionamento e inovação. Eu vi claramente que ele não seguia a nossa maneira de administrar, apesar de ser uma pessoa bem-intencionada.

Paixão fez uma breve pausa e continuou:

— Fui a outras lojas que também tinham problemas de queda de vendas e descobri outras questões. Montei um relatório e levei para o sr. Ivanir. Quando ele leu o documento, riu e disse que eu tinha feito um ótimo trabalho. Mas eu perguntei a ele como iríamos resolver isso se as pessoas agiam de forma diferente. Ele calmamente me contou o que havia aprendido ao lidar com as pessoas: líderes influenciam pessoas que, por sua vez, criam ambientes que influenciam tudo o que acontece. Esses ambientes têm quatro naturezas que, ao mesmo tempo, interagem e são opostas. Existe a natureza rígida e a flexível, e existe a natureza de interdependência e a de independência.

— Me explica isso melhor — eu pedi.

— Pois é, eu aprendi isso e realmente facilitou muito na hora de melhorar os resultados das lojas. Tem ambientes de trabalho em que, de uma forma geral, as coisas precisam ser rígidas. É preciso ter controle, prazo etc. Por outro lado, há ambientes em que o melhor jeito de trabalhar é dar mais liberdade, impondo menos regras, menos processos, sendo mais flexível. Além disso, tem áreas que precisam se relacionar muito umas com as outras para gerar resultados, então há a necessidade de interdependência, enquanto existem áreas ou negócios em que as pessoas funcionam melhor de forma independente.

Eu fiquei intrigado e quis aprofundar o assunto:

— Então você está me dizendo que há empresas que precisam ser mais rígidas e outras, mais flexíveis?

— Não — ele respondeu. — Isso é apenas uma referência! Tem as interfaces!

— Como assim?

— Há muitos anos, quando eu não sabia nada, o sr. Ivanir me deu um livro de capa branca. Ele disse que meu futuro estaria ali. Eu abri o livro e não vi nada impresso. Ele riu e disse que todos nós temos de ter um livro em branco, e o que aprendermos de verdade, deveríamos escrever nele. O êxito na vida é a capacidade de colocar nesse livro os grandes e volumosos aprendizados. O meu livro branco tem hoje mais de quinhentas páginas de anotações. E eu adicionei algumas páginas de descobertas sobre o jeito das pessoas que, quem sabe, tem a ver com esse negócio de cultura. Vamos até a minha sala, pois guardo meu livro branco lá e tenho as anotações detalhadas.

Chegando à sala da gerência, ele me colocou nas mãos um enorme livro branco e disse:

— O branco representa a união de todas as cores, e aqui simboliza todo o aprendizado que adquiri ao longo da minha vida de trabalho. Tudo eu registrei aqui.

— Onde estão as interfaces?

Paixão começou a folhear rapidamente aquele imenso livro com muitas anotações, gráficos, desenhos e esquemas. De repente, ele se levantou e sentou-se ao meu lado.

— Olha só aqui — mostrou ele. — Esses quatro pontos interagem. Isso é o que percebemos, porque cada área é de um jeito. Não tem como todas as áreas da empresa agirem da mesma maneira. Foi isso que descobrimos na época. Nós descobrimos oito ambientes.

E então ele passou a detalhá-los:

— Ao primeiro ambiente demos o nome de ambiente de ordem, muita interface entre pessoas e controles estruturais bem organizados. Ao segundo demos o nome de ambiente de segurança, quando temos normas muito claras e política de prevenção, com as pessoas sendo mais responsáveis por seus papéis. Nós entendemos que esses dois primeiros ambientes têm foco na responsabilidade. O terceiro era um ambiente de autoridade, no qual as pessoas seguem diretrizes traçadas por um profissional que sabe o está fazendo e influencia tudo a sua volta. O quarto ambiente nós chamamos de ambiente de resultado, ou seja, as pessoas são independentes e devem ter iniciativa e tomar decisões. O terceiro e o quarto ambientes se enquadram no que definimos como foco em performance. Ao quinto ambiente demos o nome de ambiente de acolhimento, em que as coisas funcionam por meio do relacionamento, da interdependência e do respeito. Ao longo da vida empresarial percebemos que, em certos lugares, quando esse ambiente funciona, as pessoas trabalham melhor. Ao sexto nós denominamos ambiente centrado no propósito. Algo que une e faz as pessoas quererem trabalhar juntas, uma apoiando a outra. O quinto e o sexto ambientes têm foco na colaboração. Então temos o sétimo ambiente, que envolve prazer e satisfação pessoal. Quanto mais liberdade damos às pessoas, melhores são os resultados obtidos. E, por fim, o oitavo ambiente, ligado à aprendizagem, em que as pessoas lidam com mais interfaces, mas dentro de um sistema flexível e dinâmico. O sétimo e o oitavo ambientes têm foco em inovação.

Eu estava vendo a figura mentalmente e me sentia extasiado com uma verdadeira aula de cultura, ainda que ele nem soubesse o que era isso.

	SEGURANÇA	AUTORIDADE	
ORDEM	RESPONSABILIDADE	PERFORMANCE	RESULTADO
ACOLHIMENTO	COLABORAÇÃO	INOVAÇÃO	PRAZER
	PROPÓSITO	APRENDIZAGEM	

Então perguntei:

— Como você descreveria o jeito de ser coletivo da Homedere?

— Olha, nós tínhamos muito claro que era uma combinação de jeitos. Nós precisávamos de todos e...

— Mas isso não funciona — eu o interrompi. — É preciso definir um jeito e seguir com ele.

— Sério? Acredita nisso? — ele indagou, demonstrando certo espanto.

— Sim! — respondi. — É o que venho aprendendo sobre cultura. Precisa ser simples e seguir um caminho, do contrário não funciona nem traz mudança coletiva.

— Então veja só — disse Paixão. — Como nossos vendedores devem agir?

— Eles têm que se voltar para o resultado; devem ser animados e influentes.

— Isso mesmo. E o pessoal do almoxarifado?

— Precisa ser detalhista e organizado.

— Sim, e também deve ter senso de urgência. Então, como você quer que todos ajam da mesma maneira se a natureza das áreas em que atuam são diferentes? — ele questionou

— Mas a empresa tem definições macro que precisam englobar tudo — justifiquei.

— Sim, mas a questão é que toda empresa tem esses oito ambientes. Você vai focar um e eliminar os outros?

— Sim, senão não construo a cultura.

— Então você está me dizendo que o coração é mais importante que o fígado e o pâncreas?

— Não, todos são importantes para o funcionamento do corpo. Mas precisamos ter foco.

— Tudo bem em dar ênfase a um órgão, mas não se pode eliminar os demais, porque todos são importantes. Às vezes você precisa cuidar um pouco mais dos rins, mas os outros órgãos também são essenciais. O mesmo vale para uma empresa. Ela tem os oito vetores culturais. A pergunta certa não é quais deles eliminar, mas em quais dar maior e menor ênfase.

Eu havia ficado sem resposta, pois, de certa forma, aquilo fazia sentido. Aliás, fazia muito sentido. Somos um coletivo. Nós mesmos, como indivíduos, somos um conjunto de personalidades e temos características próprias. Imagine uma organização?

Enquanto Paixão continuava detalhando a figura, comecei a pensar: *nós não podemos seguir um caminho rígido dentro de uma organização que envolve muitos "jeitos de fazer" diferentes. Precisamos de uma reordenação dos jeitos.* Então perguntei:

— Se fôssemos priorizar um caminho para construir a cultura, qual seria ele, na sua opinião?

— Isso é óbvio — disse Paixão, e completou em tom de desafio: — Nós já vivemos essa cultura e foi ela que nos trouxe até aqui. Adivinhe?

— Cultura de colaboração — respondi, pensando na "força da união" sugerida por Lisa.

— Não creio que seja isso — ele falou. — O sr. Ivanir trouxe a essência do negócio, que é sermos a ponte entre cliente e fornecedor. Durante boa parte desses anos trabalhamos com o objetivo de criar. Éramos um comércio criativo e...

Com minha natural ansiedade, atropelei o Paixão:

— Aprendizado.

— Isso! Essa era a nossa essência, mas tem mais. Tem a sequência.

— Que seria?

— Propósito! As pessoas de todos os departamentos e setores precisam se conectar a algo maior para criar cooperação, e não dificuldades, entre as áreas. Na sequência, precisamos de resultado e ordem. É claro que as outras culturas, ou ambientes, continuaram a existir, mas as quatro primeiras a ser enfatizadas foram essas.

— Como vocês faziam para estabelecer isso como padrão de comportamento? — eu quis saber.

— Era bem simples — Paixão respondeu —, mas envolvia muita coisa. Primeiro, nós vivíamos esse padrão naturalmente, então ele acabava se disseminando sem muito esforço. Nós falávamos e fazíamos, e o sr. Ivanir era isso. Nossos processos, regras, sistemas, políticas e procedimentos eram regidos por esses vetores. Nós incentivávamos as equipes a criar soluções novas que dessem boa margem de lucro e deixassem clientes e fornecedores satisfeitos. As pessoas ganhavam reconhecimento interno e prêmios financeiros. Então, todo mundo se envolvia. Era muito legal.

— Por que isso não continuou?

— Depois que os fundos entraram no negócio e o sr.

Ivanir se afastou da operação, muitos projetos foram implantados substituindo o "jeito antigo de fazer", que foi se perdendo. Mas como a empresa continuava a crescer em novos mercados, acho que a direção não se importou muito.

— Mas as margens estão caindo e temos várias empresas com jeitos diferentes em países diferentes — comentei.

— O senhor ainda pode encontrar a essência do negócio em algumas lojas e gerentes, como vê aqui. A gente continua buscando soluções apesar de não haver um ambiente amistoso, integrado e que queira isso como um todo.

Nós continuamos a conversa e Paixão foi revelando mais coisas do livro branco. Eu estava completamente desnorteado e, ao mesmo tempo, animado para me movimentar no ambiente de cultura. Eu havia entendido um pouco mais da história da Homedere e de como ela chegou aonde chegou. Meu desafio era refletir sobre essas informações e integrá-las antes da próxima reunião do comitê, quando avançaríamos na direção da cultura ideal.

12

Do impulso ao chão

Eram cinco da manhã quando recebi uma ligação de minha filha. Eu atendi sabendo que a diferença de fuso era de duas horas. Ou seja, nos Estados Unidos já eram sete da manhã. Muito direta como sempre, ela me contou a novidade:

— Pai, acho que estou grávida.

Eu ainda estava meio sonolento quando um balde de água gelada me despertou e fiquei sem saber o que dizer. Ela insistiu ao telefone:

— Pai? Pai? Você está aí?

— Estou! É que não esperava essa notícia.

— Pois é, nem eu. Minha menstruação estava atrasada. Não quis te preocupar e fiz o teste hoje de manhã. Deu positivo. Esse teste às vezes falha, mas pretendo agora ir ao médico e fazer um ultrassom.

— E quem é o pai?

— Como assim, quem é o pai? É o John.

— Mas vocês namoram firme?

— Mais ou menos, mas eu já te apresentei a ele aqui!

— Achei que era um amigo, já que nem de mãos dadas vocês andavam.

— Ah, é assim mesmo, a gente estava transando e levando na boa.

— E ele já sabe?

— Já! E me deu apoio.

— O que vocês pretendem fazer?

— A gente está discutindo se faz um aborto ou não.

— Não! Não pode abortar, não! É uma criança!

— O corpo é meu e não sei se quero ser mãe agora.

— Por que não se cuidou?

— Ah, agora vai me dar sermão?

— Não, só estou falando porque hoje tem muitos métodos contraceptivos...

— Para, pai! Vai dar aula pra outro! Eu sei mais do que você, tá?! Aconteceu, pronto! Eu tomo cuidado, mas rolou. Eu queria que soubesse.

— Mas minha filha, é uma criança que está aí. Pensa bem. Amanhã pode ser um grande arrependimento. Eu te ajudo se for preciso.

— Pai, esse é um assunto meu e do John. Eu apenas queria que você soubesse. Não falei para a mamãe ainda e nem sei se vou falar. Ah, e não comenta com ela.

— Como que eu não vou comentar? Ela é sua mãe e você está carregando um neto ou neta dela.

— Para, pai! De novo! A vida é minha e sou eu quem vai decidir. Hoje vou fazer o ultrassom e te conto. Mas não fala pra ninguém. É só entre mim, você e o John. E ele nem falou para a família dele.

Desliguei o telefone e minha cabeça estava a mil por hora. Eu teria a importante reunião de cultura em algumas horas e não conseguia pensar em mais nada a não ser na minha filhinha! Aquela garotinha linda... Engravidaram minha filhinha! Eu estava espumando de ódio. Se o tal John estivesse na minha frente eu daria uma surra nele. Fiquei totalmente desequilibrado. Desci pelo elevador, não cumprimentei ninguém. Eu era uma pilha de nervos. Ao me dirigir para o escritório de bicicleta, parecia que estava em uma competição, irritado com as pessoas, com o trânsito, com tudo.

Chegando a minha sala, a secretária já foi entrando junto com dois diretores ligados a mim. Os números estavam indo bem mediante a estratégia e o projeto que havíamos começado. Os dois homens falavam sem parar, eu balançava a cabeça fingindo estar ouvindo, mas só conseguia imaginar o John montado em cima da minha filha. Eles propuseram umas duas ações com as quais concordei sem nem mesmo ter escutado direito. Queria todos fora da sala e para isso estava pronto para aceitar qualquer coisa. Ao final, os dois diretores saíram e minha secretária falou:

— O senhor terá uma reunião difícil hoje. Há rumores de que estão armando para o senhor.

Na hora, parei de pensar na minha filha.

— Como assim?

— A Lisa andou fazendo muitas reuniões nestes dois últimos dias para convencer as pessoas do projeto em que vocês estão envolvidos, e volta e meia seu nome era mencionado como alguém que está contra o projeto.

— Mas eu não estou contra! Inclusive faço parte do comitê que tem foco tático e operacional!

— Pois é, mas é o que está acontecendo por aqui. O senhor deve ter cuidado e atenção nessa reunião.

Eu agradeci e fiquei pensativo. *Para que isso? Só porque questionei o modelo?*

Dez minutos antes do horário, como de praxe, entrei na sala de reunião. Lisa, Suzana, o time de RH e o de planejamento já estavam presentes e conversando. Todos olharam para mim quando cheguei e me cumprimentaram educadamente, mas notei algo estranho. Não senti verdade nos cumprimentos. Lisa foi a mais calorosa, e me senti pior ainda.

Nosso CEO Yuri e o Bonamigo chegaram juntos faltando poucos minutos para o início da reunião. Yuri sempre firme e acolhedor, enquanto Bonamigo seco e formal ao me cumprimentar.

Após a chegada de mais algumas pessoas-chave, iniciamos os trabalhos com Suzana levantando a questão sobre o foco da cultura:

— Nós ficamos de amadurecer um pouco mais a ideia sobre a cultura ideal. Gelson foi muito importante para nós porque nos deu a oportunidade de aprofundar o modelo e alinhar nossas opiniões. Refletir sobre as questões é fundamental e torna esta empresa mais autocrítica, profunda e assertiva. Hoje vamos fechar essa questão. Então, gostaria de abrir para que vocês se manifestem sobre o que pensaram do assunto. Quem quer começar?

As pessoas começaram a falar apoiando a proposta e trazendo argumentos favoráveis. Pareceu que tudo fora armado e que todos já haviam embarcado na ideia.

Lisa, então, complementou:

— Pelo que percebo, a maioria ou todos aqui são favoráveis ao modelo de cultura "a força da união". Sendo assim, podemos agora passar para a próxima fase.

Eu levantei a mão porque não havia falado e estava mais convencido do contrário que antes:

— Olha, pessoal, obrigado por aprofundarmos isso. Como sabem, eu não sou especialista em cultura e esse é um tema novo para mim. Tenho me esforçado para conhecê-lo cada vez mais. Por isso, nos últimos dias venho investigando muito o nosso negócio e analisando a cultura ideal. A pergunta que me faço é: A força da união para quê?

— Para que acabemos com disputas internas e estilos diferentes — Lisa respondeu.

— Mas para quê? — insisti.

— Para termos resultado — ela replicou.

— E quem garante que é isso que vai nos levar ao resultado? — questionei.

— Bom, eu apresentei o resultado de todas as avaliações e pesquisas que fizemos. A conclusão é de que "a força da união" trará o ambiente necessário para atingirmos melhores resultados — Lisa complementou.

Bonamigo interferiu:

— Gelson, não estou entendendo. Você não quer melhorar o resultado?

— Claro que sim. Mas não sei se focar a força da união será o melhor caminho e o mais aderente.

— E que caminho você sugere, então? — perguntou Suzana com um tom de sarcasmo muito sutil.

— Tenho estudado muito sobre a empresa e descobri que no passado o foco sempre foi a relação de interface do cliente com o fornecedor — expliquei. — Penso que nosso caminho passa por aí.

Bonamigo, visivelmente irritado, mas controlado, falou:

— Mas você está recorrendo ao passado quando estamos falando de futuro, Gelson? Que lógica é essa? A Homedere já superou o passado, que teve seus anos de glória, mas o momento é outro!

— Entendo que estou falando do passado, mas, analisem bem, nossas margens passaram a cair quando entramos em negociações comodizadas com grandes fornecedores, ao passo que antes tínhamos uma relação mais estreita com pequenos e médios fornecedores que atuavam em parceria conosco criando soluções.

Bonamigo mal esperou que eu concluísse e emendou:

— Yuri, não foi suficiente o que passamos aqui profissionalizando a empresa para acalmar os investidores e acionistas? Gelson, deixa eu te explicar uma coisa. Havia muita informalidade aqui, não tínhamos com exatidão os números da empresa, fizemos um trabalho hercúleo para ajustar tudo e termos *compliance*. Fora isso, o modelo de milhares de fornecedores é inviável para nós. Adotamos a estratégia de firmar mais parcerias com menos fornecedores e também trabalhar com aqueles que têm processos de qualidade mais consistentes, coisa que não existia antes. Era uma bagunça. Tínhamos um monte de problemas de reposição de peças que os fornecedores não davam conta. Somando a isso controles fracos, imagine o impacto na gestão!

— Bonamigo, eu sei disso — contemporizei. — Vocês me deram todo o histórico de números nas nossas reuniões. Eu conheço o que fizeram e, por sinal, foi tudo bem-feito. Mas estamos tratando de cultura e sinto que o nosso caminho para recuperar margens não é esse, mas resgatar a essência do sr. Ivanir e aprimorá-la.

— Você deve estar ficando louco — esbravejou Bonamigo. — Senhor Ivanir? Senhor Ivanir? Devemos agradecer por tudo que fez, mas o tempo dele passou! A vida anda para a frente, Gelson, e você está querendo ir para trás? Yuri, como isso é possível?

Yuri foi forçado a se manifestar:

— Gelson, eu sei que seu foco é o mesmo de todos nós. Você quer as margens. Isso é ótimo. Percebo também que você vem entendendo a história da empresa e é muito importante honrar o passado. Quando assumi como CEO, tivemos um problema seríssimo nas análises dos números, descobrimos furos de operação. Isso deixou os acionistas muito nervosos. A ordem era pôr ordem aqui. Assim, eles colocaram o Bonamigo. Com todo o respeito ao sr. Ivanir, ele atrapalhou muito, pois as pessoas têm por ele grande carinho e admiração. Ele já não era majoritário e estava influenciando os colaboradores ao dizer que a Homedere não podia perder o jeito dela. Mas o jeito dela era cheio de informalidades, o que tornava os resultados incertos. Quando temos dois fundos com dinheiro aplicado, não podemos operar de forma caseira. Por isso, gostaria que considerasse que estamos em outro momento e precisamos andar para a frente, a partir do que já construímos.

— Yuri, eu agradeço suas considerações e concordo com elas. O ponto que coloco não é voltar à informalidade nem aos outros problemas de gestão que a empresa tinha, mas resgatar a essência que levantou a Homedere e trouxe orgulho às pessoas, um sentimento de pertencimento. Veja quantos funcionários até hoje admiram o sr. Ivanir! Não estou querendo trazer o sr. Ivanir ou o jeito dele de volta, mas pergunto: Que foco era esse da empresa que criou um entusiasmo tão poderoso?

— Gelson, me desculpe — interveio Suzana. — Respeito a sua opinião, que você queira dar outro rumo à cultura, mas já discutimos o suficiente, creio eu. Sugiro fazermos conforme combinamos, uma votação. Se der empate, continuamos a discussão; caso contrário, seguimos adiante. Pode ser?

Eu concordei.

Abriu-se a votação e apenas eu e meu diretor de lojas divergimos. Os outros quatorze membros levantaram a mão apoiando a cultura proposta por Lisa. Bom, ali ficou definido tudo. Terminada a reunião, eu me levantei derrotado, pois não tive a oportunidade de ampliar o debate. Com um sorriso no rosto, Lisa, Suzana e Bonamigo saíram para tomar um café. Yuri veio até a mim e falou:

— Eu entendi seu ponto de vista. Vamos dar uma chance ao que está sendo proposto. Me parece coerente, mas o tempo provará se é efetivo ou não. Continue fazendo seu trabalho, está indo bem.

No restante do dia, ao longo de uma sequência de reuniões, eu só pensava em minha filha e, agora, também no sr. Ivanir, com seu jeito de envolver clientes e fornecedores.

13

Um patinho feio

Já discutíamos o assunto havia quinze dias. Aborta ou não aborta. Era terrível para mim a ideia de abortar, mas eu precisava ser muito cuidadoso com minha filha. Sempre que eu era impulsivo, acabávamos nos desgastando. Ela era uma mulher carinhosa, firme, direta, mas gostava das coisas do jeito dela. Sei que fiz tantas ponderações que a ideia inicial de abortar foi ficando mais fraca, mas tinha um problema: John. Ficou evidente que ele queria o aborto e não parava de influenciá-la. Era eu de um lado e ele de outro. A mãe, ainda sem saber, poderia ser uma poderosa aliada. Eu não conversava com ela havia meses. Permanecia em mim uma mágoa muito grande pela traição. Mesmo que ela tivesse me procurado e contado tudo, sair de casa e morar com outro homem foi demais. Aliás, o caso deles já era antigo quando isso aconteceu. Ou seja, eu já vinha sendo passado para trás havia muito tempo. Sempre pensava em como eu não percebera as coisas! Era tão evidente. Nós transávamos uma vez por mês. Ela sempre saindo com amigas que eu não sabia quem eram. Fazia ioga três vezes por semana – a propósito, foi nas aulas de ioga que ela o conheceu. Era tudo muito óbvio e eu simplesmente vivia um casamento imaginário em minha mente. Mas, de qualquer forma, foi errado e ela me fez muito mal. Ligou para todo mundo, disse que abriu o jogo comigo de forma franca e contou que se apaixonara por outro. Isso foi muita esperteza. Ela deu a entender que o problema era eu e que agiu com retidão sendo verdadeira. Foi uma safadeza, isso sim! Só de pensar nela eu tinha muito ódio. Acabou com a minha libido. Eu não me interessei por mais ninguém. Mas eu tinha que falar com ela por conta da gravidez de nossa filha. Meu amor-próprio não deixava e eu ainda precisava superar a mágoa, mas o tempo estava se esgotando.

Após a fatídica reunião de aprovação da cultura ideal eu ganhara dois inimigos ocultos contundentes: Bonamigo e Suzana. A primeira ação foi reformular o comitê de cultura, do qual, de forma muito inteligente, eles me tiraram. Eu não participaria de mais nada. Apenas receberia as diretrizes de execução da cultura.

Recebi um formulário grande em que precisava descrever os artefatos, processos e sistemas da minha área, além de modelos de reunião usados para análise da cultura. Fizemos o dever de casa. Envolvi todos os diretores, gerentes e coordenadores, bem como as equipes para preencher a documentação. Encaminhei o material para as lojas e orientamos todos os gerentes.

Após dois meses já tínhamos todas as informações para avançar com o projeto de cultura. Não permiti nenhum deslize e mantive o compromisso de ser preciso nas tarefas que nos foram dadas. Estava torcendo para dar tudo certo, apesar de ser visto e tratado como um *alien* pelos pares.

As lojas da Europa deram um pouco mais de trabalho porque não tinham algumas informações e não seguiam modelos muitos claros.

Nas minhas visitas às lojas europeias, ficou patente que a cultura de lá era de absoluta autoridade. Manda e obedece. O poder era exercido como se fossem uma família e tivessem que obedecer a uma hierarquia de clã. No Brasil, principalmente, tínhamos uma outra realidade. Era uma mescla. Os gerentes antigos trabalhavam para o propósito, enquanto outros se pautavam pelo acolhimento. Era claro o espírito de colaboração. Já nos demais países da América Latina, a cultura estabelecida era de resultado e ordem. Eu passei a enxergar nitidamente a cultura no modelo do livro branco do Paixão. Eu havia criado um mapa detalhado com comportamentos integrados e sistemas que me ajudassem a identificar a cultura; mapeei todas as lojas e todos os gerentes conforme seus estilos. Ali comecei a enxergar a cultura. O que a Lisa queria era implantar uma cultura de trabalho em equipe. Eu via esse modelo no livro branco associado ao vetor de propósito dentro do foco de colaboração. Acreditava fortemente que se tratava de uma cultura interessante, mas não era a essência nem o que traria nossas margens e entusiasmo de volta. Eu suspeitava que nossa verdadeira cultura deveria ser a de aprendizagem.

Após ter concluído de forma muito rápida a coleta dos dados das lojas e de outras áreas ligadas à minha vice-presidência, Lisa começou a entrar com definições e ações.

Ela e seus consultores passaram a dar rumos em reuniões para as quais eu não era chamado. Tudo sob a direção da Suzana com apoio do Bonamigo.

Aquilo não estava me agradando, pois eu não tinha controle do processo. Eu não era do tipo centralizador, mas precisava entender o que e como as coisas estavam sendo feitas, até para poder agir ou apoiar.

Os diretores e gerentes, principalmente das lojas, começaram a receber uma enorme carga de trabalho. Todos já enquadrados na "força da união", eles passaram a seguir cartilhas em reuniões com o objetivo de impor a marca da nova cultura e cumprir uma série de ações para atender os consultores.

Eu estava prestes a embarcar em um voo para a Cidade do México quando meu celular tocou e vi que era o José Luiz Paixão. Afastei-me da aglomeração de pessoas e atendi.

— Senhor Gelson? — disse ele, com toda a sua formalidade.

— Sim, Paixão. E pode me chamar de Gelson — respondi.

— Se o senhor estiver ocupado, posso ligar em outra hora.

— Pode falar, estou aguardando um voo. Se a conversa se estender, continuamos outra hora. Algum problema?

— Pois é... Fiquei um pouco preocupado com o senhor.

— Por quê?

— Recebi aqui um monte de instruções sobre "a força da união". Acho que está errado o jeito de fazer, sr. Gelson.

— O que está errado?

— Bom... Veja bem, cultura não é disseminada por meio de comunicação. Isso é discurso de cultura. Comunicação vai acontecendo.

— Fale mais — incentivei, curioso por saber o ponto de vista operacional dele.

— Não é assim que se desenvolve uma influência no jeito coletivo. As pessoas têm hábitos e eles são mais fortes que um folheto, um broche, um boné, vídeos de consultoria ou qualquer outra coisa. O pessoal da minha equipe está debochando disso tudo. Um até falou "olha a palhaçada".

— Mas, Paixão, definimos um modelo cultural e precisamos transmiti-lo às pessoas! O início de tudo é a comunicação!

— Quem é mais forte aqui nesta loja? A comunicação ou o gerente, que está com o pessoal todos os dias?

Refleti por alguns segundos e respondi: — Bom, o gerente.

— Então! Começou tudo errado. Eu sou a voz da Homedere aqui. Eu tinha que ter sido o grande embaixador disso tudo, assim como cada líder da empresa em seu setor.

— Ótimo, então seja esse líder! Faça acontecer! Você tem todo o meu apoio.

— Mas eu não acredito em nada disso!

— Mas, Paixão, nós precisamos do seu apoio para dar certo!

— Eu vou apoiar, mas não acredito! Estou sendo sincero. Não vou jogar contra, mas isso não tem lógica com o nosso negócio!

— Então me explica a lógica.

— Muito simples. Querem nos enfiar goela abaixo "a força da união", certo? Porém, como isso vai funcionar se as metas são todas separadas? Cada um tem suas metas. Cada área tem processos que perderam a integração. As áreas não interagem e o fluxo é lento. Os orçamentos são disputados a tapa por todas as áreas e cada qual quer mais dinheiro para si sem pensar no coletivo! Como uma cultura vai vingar se não mexer nessas coisas? E tem mais. Mesmo se mexer, o que é bom, não é isso que vai fazer as margens voltarem. Está tudo errado.

Em silêncio, pensei: *Ele está certo, penso de igual forma*. Mas não podia dizer isso.

— Paixão, você tem a história da empresa no coração. Conto com você para disseminar a comunicação e os procedimentos que eles enviaram. Nós vamos acertando as coisas, um passo de cada vez. Vamos ajustando o carro com ele andando. Preciso que me ajude.

— Conte comigo sempre, mas saiba que o acelerador dá velocidade ao carro, mas é o volante que o leva para o lugar certo, e vocês estão só com o pé no acelerador.

Precisei desligar porque meu voo estava sendo chamado no alto-falante do aeroporto para embarque.

Durante toda a viagem para o México, minha mente não parava de pensar naquela conversa. No fundo, o Paixão estava certo. Ele me mostrou uma compreensão muito grande da operação e o que realmente significava cultura.

14

Choque do futuro

Eu vinha insistindo com minha filha para que conversasse com a mãe. Era minha esperança de fazer com que aquela ideia absurda fosse descartada. Por um tempo, minha filha deixou de atender meus telefonemas. Isso me preocupou muito. *Será que exagerei?*, pensei comigo. *Será que ela abortou e não quer me falar?*

Eu realmente estava sofrendo. Todos os dias eu deixava recados, gravações. Até que decidi ligar para o John.

Ele atendeu e perguntei o que estava ocorrendo, pois minha filha não retornava as minhas ligações. John foi muito objetivo:

— Ela falou com a mãe.

— O.k. — disse eu —, mas e aí? O que ocorreu?

— Acho melhor ela falar com o senhor. Mas talvez ela precise de um tempo.

— Ela abortou?

— Não — respondeu ele, secamente.

Eu agradeci e desliguei. Já estava mais tranquilo em saber que não houve aborto.

Mas fiquei intrigado com a atitude que ela tomou e por não ter me ligado depois.

Haviam se passado pouco mais de duas horas quando ela me ligou de volta. Nossa, estava no meio de uma reunião com minha equipe e parei tudo. Dei um intervalo e fui para uma área do prédio mais reservada.

— Pai, me desculpe por tudo — disse ela, e começou a chorar.

— O que houve, minha filha? — perguntei, preocupado.

Ela não parava de chorar e eu insistia para que me dissesse o que estava ocorrendo. Depois de um tempo, ela falou entre soluços:

— Eu falei com a mamãe.
— Que bom! Contou a ela?
— Sim.
— Ótimo! E o que ela disse?
— Papai, mamãe está grávida também!

Eu quase surtei. Minhas mãos começaram a formigar, o coração acelerou, minha boca secou e me senti congelar. Sentei no chão porque nem sequer tive força para me dirigir a um sofá próximo. Não conseguia falar nada. Só ouvia minha filha perguntando se eu ainda estava na linha.

— Estou aqui — balbuciei, paralisado e chocado.

— Pai, decidi que vou ter a criança.
— Que ótimo — disse quase por dizer, es-

quecendo-me por um instante do motivo da ligação. Eu estava em choque pelo fato de minha ex-mulher ter um filho nesta altura da vida. Sentia uma mistura de nojo e ódio.

— Eu e John nos desentendemos.
— O.k. — eu não ouvia mais nada direito.
— Você me ajuda?
— O.k. — ainda em choque.
— Sei que você está triste com isso tudo, pai, pode contar comigo também.
— O.k. — era a única palavra que eu conseguia dizer.
— Vou deixar você assimilar isso tudo e depois a gente se fala. Eu não quis ligar antes porque estava tudo confuso aqui, e essa notícia da mamãe também bagunçou minha cabeça. Um beijo! Te amo!
— O.k., te amo — despedi-me, ainda sentado no chão.

Minha secretária me viu e veio correndo.
— O senhor está bem?
— Sim.
— Não está, não. Está pálido e suando.

Eu achei que ia desmaiar. Ela trouxe um copo de água com açúcar e fui parar na sala da segurança, onde tinha um pessoal de primeiros socorros. Cancelei todos os compromissos do dia. Ou seja, resiliência zero.

Já haviam se passado três meses de um movimento intenso para espalhar a cultura pela organização, com medição de entropia, acompanhamentos, reuniões e treinamentos com lideranças e revisão de acordos, entre outras ações. Eu não estava vendo o impacto nos números e ficava pensando sobre como atrelar a cultura aos resultados e às diferentes realidades que eu enfrentava. Afinal, cada região tinha suas particularidades.

Em uma das reuniões executivas, conversando com o nosso CEO, expressei minha preocupação.

— Yuri, eu tenho conseguido manter os resultados e melhoramos a operação fora do Brasil, mas com um esforço sobre-humano. Sinto que não precisava disso tudo. Tenho hoje cerca de 45 indicadores e não vi a relação da cultura com isso.

— Gelson, eu tenho acompanhado o seu trabalho. Simplesmente impecável. Falei outro dia para o conselho que havíamos encontrado a pessoa certa, que consegue enxergar a empresa sistemicamente e tem veia comercial. Você está obcecado com essa questão de cultura desde aquela reunião lá trás. Não se preocupe com isso, não. Estamos entregando resultados um pouco melhores e já estabilizamos a perda que estava ocorrendo. Além do mais, seu time acredita em você. Você tem moral com eles.

— Agradeço a confiança, Yuri, mas realmente acredito que a cultura amarrada com a estratégia será a virada desta empresa. Estamos trabalhando demais e não precisava ser assim. O clima é tenso. Todo mundo lutando aqui dentro. Parece uma selva. Não creio que seguraremos a empresa desse jeito.

— Você está pensando certo. Na sustentabilidade do resultado.

— Sim, e isso envolve também o bem-estar das pessoas e maior fluidez organizacional.

— O que sugere, então?

— Não sei — respondi, pasmo.

— Então pense melhor. Sei que está incomodado, mas precisa enxergar uma saída para isso. Quando tiver algo mais claro, falaremos a respeito.

Yuri era o CEO e uma pessoa muito distinta. Incapaz de fazer uma pessoa se sentir inferior perto dele. Eu o conhecia havia muitos anos, de outros projetos. Ao longo de sua carreira, Yuri conquistava as pessoas por diversos atributos naturais. Primeiro, ele escutava. Sempre ouvia as pessoas, então perguntava, entendia, refletia e depois se manifestava. Isso era raro, pois o que mais vi em minha vida corporativa foram executivos que mal ouviam e já respondiam. Yuri tinha outra característica: ele perguntava muito. Nunca vi uma pessoa perguntar tanto. Quando ele se sentava com um *trainee*, por exemplo, saía da conversa sabendo mais sobre a vida do *trainee* do que o *trainee* da vida dele. Era profundamente interessado nas pessoas e nas coisas. Apesar de não ser um cara extrovertido e expansivo, Yuri ganhava as pessoas de imediato, pois era de uma educação e uma gentileza fora do comum. Isso dava a ele uma força muito grande – quando determinava uma diretriz, todos a cumpriam, pois suas decisões exerciam uma influência absurda sobre os demais. Outra força dele era a visão muito ampla dos negócios, com uma habilidade extraordinária para lidar com conselhos de administração. Ele conseguia costurar acordos entre pessoas que se odiavam.

Eu estava muito feliz de ter Yuri como nosso líder maior. Seu bom senso e capacidade de articulação incomuns deram paz e rumo à Homedere. Mas no fundo eu sentia que não estávamos no caminho certo para o futuro e precisava achar algo mais concreto para oferecer a ele, que certamente iria me fazer dezenas de perguntas.

15
Agulha no palheiro

Estava com o som no último volume ouvindo Van Halen quando uma senhora me parou no meio da rua e disse: "Senhor, desculpe interromper a sua corrida, mas deixou cair uma nota de cinquenta reais lá trás". É triste ver-se surpreendido com a honestidade das pessoas no Brasil, mas foi como me senti. Costumo correr cedo e tenho um bolso pequeno que fica atrás no shorts, onde coloco dinheiro. Eu havia me esquecido de fechar o zíper e a nota caiu. Agradeci à mulher e segui minha corrida matinal refletindo sobre o nosso país. No fundo, as pessoas são boas, mas temos uma cultura terrível. Então, comecei a perceber que a cultura está em tudo. Por que as pessoas jogam papéis na rua? Porque a cultura local permite. O que é a cultura local? As leis, as autoridades, as pessoas, as regras etc. E nossas leis e regras permitem que as pessoas aceitem a mediocridade. Com o PIB que produzimos, não temos saúde, educação e transporte gratuitos. Isso é o mínimo que o Estado deveria devolver dos impostos que pagamos, mas não, estamos diante de verdadeiras organizações políticas com interesse em se apropriar do dinheiro público. Eu vejo o Brasil como a potência que os países mais desenvolvidos não querem que sejamos, e para isso contam com a ajuda dos políticos locais. Nosso maior inimigo somos nós mesmos, graças à qualidade dos políticos que elegemos.

Eu estava visitando uma área de negócios da empresa quando me dei conta do que o Paixão dissera. Havia cerca de vinte reclamações de clientes insatisfeitos com os produtos comprados e a equipe simplesmente as ignorava porque aquilo dava trabalho, não ajudava nos indicadores de resultado e o gerente ainda tinha outras atribuições. Eles não estavam errados. A área precisava se encaixar na engrenagem do negócio, e não se preocupar com inovações. Pensei: *Como vamos virar uma cultura de "força da união" se os diferentes setores operam de forma isolada?*

Vi claramente que as áreas tinham características distintas e existiam subculturas que precisavam ser respeitadas para ser integradas. Então eu entendi que ali estava o início do projeto.

Pedi ao Paixão que viesse a São Paulo e trouxesse o livro branco. Como sempre, ele me atendeu, entusiasmado e disponível. Quando chegou, entrou na minha sala com um sorriso caloroso e exclamou com cara de alegria:

— Acho que sei o que o senhor está querendo!

— O que pensa que estou querendo?

— O senhor quer fazer mudanças na empresa e vai tentar um caminho paralelo!

Fiquei pasmo. Ele havia lido a minha mente!

— Bem, não é exatamente assim. Temos um projeto de cultura sério com o qual estamos comprometidos...

— E no qual o senhor não acredita — ele me interrompeu com muita delicadeza. — Eu sei que não acredita. Vamos tentar algo que traga a alma desta empresa de volta?

Quando ele falou "alma da empresa de volta", acabou tocando a minha alma.

Eu caminhei até a porta, fechei-a, voltei até o sofá em que ele estava sentado e disse, ainda de pé:

— Só nós dois sabemos disso. Ninguém mais.

Ele se levantou e me abraçou:

— Eu sabia! Eu sabia! Vamos trazer a alma da Homedere de volta! Eu vou ajudá-lo.

Senti um misto de emoções; não sabia se ria ou chorava. Fiquei entusiasmado, esperançoso e, ao mesmo tempo, me sentia um canalha traidor, um maniqueísta, um impostor.

— Abra esse livro branco, Paixão! Tenho perguntas a fazer.

— Já está na mão. Vamos lá!

— Por onde começamos uma transformação ou resgate cultural? — perguntei.

— Está aqui. Começamos escutando as pessoas a partir do modelo dos oito vetores. Precisamos montar um questionário que nos leve a descobrir como as pessoas analisam as decisões, as lideranças e o jeito de ser da empresa.

— Como vamos elaborar as perguntas?

— Eu me encarrego disso. Tenho duas pessoas do departamento de *business development* que são ótimas em formular e desenvolver algoritmos. Me dê uns dias e trago essa pesquisa pronta.

— Como vamos aplicá-la sem criar problemas para o projeto cultural nem gerar conflitos?

— Apresente o questionário como um teste de liderança para formar sucessores.

— Mas o RH vai dizer que isso é trabalho deles, que deveria estar nos planos.

— Conheço um caminho.

— Qual?

— O senhor Yuri!

Era incrível a sensibilidade do Paixão. Ele lia as pessoas a distância. Tinha uma inteligência social fora do comum. E era isso mesmo. Eu deveria levar a ideia para o Yuri e ver com ele como fazer isso acontecer.

Lemos um pouco mais o livro branco e as características dos vetores e ambientes. Tudo fazia muito sentido.

Marquei a reunião com Yuri para tratar da pesquisa e de como aplicá-la. Na data combinada, comecei trazendo a questão:

— Yuri, você lembra que me perguntou sobre como resolver a questão da cultura?

— Lembro. Encontrou a resposta?

— Sim. Mas tem um problema.

— Qual?

— Precisamos fazer um diagnóstico para validar uma tese sobre subculturas.

— Como assim, diagnóstico?

— A Lisa fez algumas entrevistas e definiu a cultura atual. Eu não acredito que devemos ouvir pessoas selecionadas.

— Quem devemos ouvir?

— Todos os funcionários.

— É viável?

— Sim.

— Como?

— Estamos criando uma pesquisa *on-line* objetiva.

— Como você acha que isso será percebido pelos seus pares?

— Pessimamente.

— E como lidaria com isso?

— Por isso vim até você. Não sei exatamente como fazer sem criar melindres.

— Entendi. Você quer conferir a realidade que foi levantada para elaborar seu plano e propor algo a eles. É isso?

— Exatamente.

— Isso realmente te incomoda a ponto de querer comprar essa briga?

— Muito!

— Veja bem, Gelson. No mundo dos negócios temos muitas batalhas. O segredo na carreira é saber escolher quais batalhas estamos dispostos a enfrentar. As pessoas erram quando compram todas as lutas. Vale a pena essa batalha?

— Vale! — respondi sem hesitar. — Mas preciso do seu apoio.

— Eu não vou apoiar o que não sei como vai terminar. Mas posso não me opor e pagar para ver. Mas quem realmente pagará com reputação e desgaste é você se isso não for algo revelador e relevante de fato. Está disposto?

— Sim. Como eu poderia fazer isso sem criar problemas para o RH?

— Não há como fazer isso sem criar problemas. Se você é melindroso e quer ficar bem com todo mundo, nunca será um grande executivo. Conflito faz parte do jogo. Apenas recomendo que jogue limpo.

— E como devo agir?

— Simples. Levantarei o assunto na próxima reunião executiva, falarei do seu incômodo e direi que permito que você faça a experiência por sua própria conta e risco.

— Mas assim? Na lata?

— Claro! Melhor a verdade que dói do que a hipocrisia corporativa em que todos se odeiam e fingem ser amigos. Eu sempre adotei a franqueza com respeito. Se quiser prosseguir com sua ideia, é assim que farei.

— Por mim, o.k. — eu disse, meio engasgado.

— Então prepare logo a sua pesquisa, pois dentro de três semanas eu a levarei para nossa reunião executiva.

Saí da sala meio perturbado. Foi um choque de franqueza e uma aula de liderança que tive. Eu estava me deixando levar por um raciocínio medíocre de fazer as coisas pelos bastidores para evitar conflito. Ele estava certo. Conflito faz parte da vida. Preciso apenas me preparar para lidar de forma respeitosa com os outros e ser firme nas minhas posições.

Liguei para o Paixão e disse:

— Paixão, você tem duas semanas para entregar essa pesquisa. A corda apertou!

— Vamos entregar!

16
A luz acende

Eram duas da manhã e meu celular tocava. Era raro alguém me ligar a essa hora, pois meu estilo de vida era bem conhecido e sistemático. Tratava-se de Olívia, minha ex-mulher.

— Gelson, desculpe a hora.
— Sim. Está tudo bem?
— Não está, não. Estou preocupada com nossa filha. Ela vem tendo problemas na gravidez. Você está sabendo?
— Estou. Ela me liga dia sim, dia não. Ela tem tido alterações de pressão e teve um pequeno sangramento.
— Isso não te preocupa?
— Claro que sim. Mas ela está sendo acompanhada.
— Não mais pelo John. Ele viajou para Salt Lake City e ficará lá por dois meses, a trabalho.
— Não sabia disso!
— Ela me contou agora. Ela precisa de um de nós lá.
— E provavelmente você vai sugerir que seja eu, não é?

— Estou grávida. Você deve estar sabendo, né?

— Soube por terceiros. Você não teve a consideração de me comunicar.

— Eu fiquei com vergonha. Desculpe. Não estava nos planos.

— Fazer o que, né!

— Mas vamos falar da nossa filha. Ela já está no sétimo mês e vai ter o menino sozinha lá nos Estados Unidos?

— Eu não posso ficar com ela dois meses. Está um turbilhão na empresa.

— Poxa, você é vice-presidente e não pode trabalhar a distância com toda a tecnologia que tem hoje?

— Não posso. Você poderia ficar com ela e, quem sabe, ter seu filho lá também; os dois meninos já nascidos na América!

— Olha, nem vou comentar. Estou arrependida de ter te ligado.

— Você deveria ficar arrependida de outras coisas!

— Nossa filha está sofrendo. Pensa aí, tá! Desculpe a hora, mas recebi a notícia agora há pouco. Fica com Deus.

— Tchau.

Não consegui mais dormir. No fundo, eu sabia que precisava ir para os Estados Unidos apoiar minha filha.

Era uma quinta-feira e a reunião executiva começara às oito horas.

Yuri iniciou nosso ritual executivo com as apresentações de resultado sempre curtas e muito objetivas. Nessas reuniões não se dão muitas explicações, a não ser que sejam solicitadas. Quando são pedidas, precisa-se ter relatório de tudo, porque nosso CEO sabe investigar. Essa era outra habilidade que eu admirava nele: instinto. Ele tinha faro para coisas erradas e para oportunidades no negócio. Não era de fazer microgestão e controlar tudo, mas era um investigador primoroso. Não constrangia ninguém nem fazia caras e bocas. Era um homem focado em andar para a frente, sempre com a firme intenção de ajudar. As pessoas não se inibiam quando ele entrava, mas certamente todas se perguntavam: "Por que não vi isso antes?".

Cumprimos todos os procedimentos de gestão e estratégia até entrar na parte final, que eram as questões deliberativas gerais.

O último assunto da pauta era sobre mim. Com sua absoluta franqueza, Yuri falou:

— Estamos vivendo um momento de transição importante na empresa. Várias iniciativas estão em curso: o novo sistema financeiro de interfaces, a revitalização da marca, as novas matrizes de compras na Europa, as adequações ambientais no México, os redesenhos funcionais de lojas e o projeto da cultura, entre muitos outros. Em menos de um ano Gelson tem conseguido frear nossas quedas de margem com estratégias de *pricing*, gestão de lojas, reestruturação de compras e outras coisas mais. Também tem demonstrado um interesse muito grande no projeto de cultura, por entender que as coisas acontecem dentro das lojas. Afinal, todas as áreas servem às lojas. O projeto de cultura, a meu ver, está caminhando bem, mas penso que qualquer coisa só vai dar certo se houver a confiança do comercial.

Yuri pigarreou um pouco antes de entrar de fato no assunto.

— Pois bem, conversando com o Gelson, notei que ele é fiel aos rumos definidos para a empresa, mas se sente particularmente incomodado. Ele quer entender melhor o pessoal dele, e acha que isso vai ajudar na cultura, a percebermos os *gaps*, caminhos e estratégias. Eu perguntei a ele o que queria fazer. Ele deseja realizar uma pesquisa para mapear as pessoas. Eu disse que já havíamos feito isso, mas ele ponderou que não escutamos todos os funcionários, o que poderia gerar mais uma informação importante. Eu disse a ele que traria a questão hoje para vocês.

Bonamigo me interpelou:

— O que exatamente você quer fazer, Gelson?

— Uma pesquisa com todos os funcionários — respondi.

— Para quê?

— Para conferir se nossa realidade é aderente ao rumo da cultura ou não.

— Mas já fizemos isso, mapeamos, desenhamos um plano e estamos executando! Você quer começar tudo de novo?

— Não estou propondo recomeçar tudo, apenas acrescentar mais um dado, tendo em vista que entrevistamos menos de um por cento do total de funcionários da empresa.

— Mas, Gelson — interveio Suzana —, como iremos entrevistar 30 mil pessoas?

— Estou desenvolvendo uma pesquisa *on-line*.

— Olha, para quem não sabia nada de cultura, ter agora uma pesquisa *on-line* é bem surpreendente.

Yuri entrou para amenizar a situação:

— Gelson, o questionário está pronto? A pesquisa tem fundamento?

— Tem fundamento e tem informação relevante.

— Então, por que não trouxe isso antes? — perguntou Suzana.

— Porque não tinha conhecimento dela.

— Ora, ora, então entramos em um experimento aventureiro para satisfazer o capricho de um VP? — disse Bonamigo, sarcástico.

Mais uma vez, Yuri interferiu:

— Gelson, você garante que isso vai agregar informação para a cultura?

— Garanto.

— Pessoal, vou permitir a realização da pesquisa — anunciou o CEO. — Vamos conferir essas informações. Espero que saiba o que está fazendo, Gelson. Suzana, pede para a sua equipe operacionalizar isso. Em quanto tempo você nos traz esses resultados, Gelson?

— Em quarenta dias, aproximadamente.

A reunião foi encerrada em clima fúnebre. Yuri não se abalava com ambientes pesados, mas Bonamigo e Suzana saíram em silêncio. Eles respeitam profundamente Yuri, mas a guerra estava declarada. Luz amarela! A partir de agora, seria como pisar em ovos.

17

Fritando o peixe e olhando o gato

Era sábado e meu irmão, Gildo, passou em casa para me pegar. Eu estava indo meio forçado, afinal, detestava religião, ainda mais pela manhã. Gildo era um sujeito muito nervoso, intempestivo, e de dois anos para cá virara um conselheiro de vida. Tem 10 mil seguidores em uma rede social. Sou testemunha, ele realmente mudou para melhor. E sempre insistia para que eu fosse à reunião de meditação do grupo que ele frequentava. Então, lá fui eu.

Chegamos a um sítio bem perto de São Paulo. Um lugar muito bonito, com muitas árvores altas, um jardim bem cuidado e uma casa antiga. Entramos na casa, atravessamos a sala, passamos pela cozinha e nos deparamos com uma enorme tenda no quintal, como a de um circo. Havia muitas pessoas na entrada e todas em silêncio, tirando os calçados. Fiz o mesmo e entrei na grande tenda.

Gildo estava extasiado de estar lá comigo.

Sentamos todos em círculo, com círculos menores de pessoas por dentro também. O início da atividade estava marcado para as oito horas e eles foram pontuais. Acenderam um defumador que exalou uma fumaça horrível que eu não conseguia respirar. Em seguida, três pessoas vestidas de manto vermelho e laranja começaram a recitar frases incompreensíveis de maneira muito rápida. Eu pensei: *Como eles pretendem me converter assim?*. Isso durou intermináveis dez minutos, e em seguida todos começaram a entoar uns sons. Eu pensei: *Isto é uma lavagem cerebral coletiva*. Eu observava cada movimento ali dentro. Até que dei uma relaxada, pois percebi que aquilo não ia acabar tão cedo. De repente, meu irmão me cutucou. Eu me levantei assustado (estava deitado), sentei e vi que não havia mais ninguém no lugar. Então perguntei:

— O que aconteceu?

— Você apagou, igualzinho a mim quando vim no primeiro dia — respondeu Gildo, rindo muito.

— Como assim? Eu estava agora há pouco escutando tudo!

— Você está apagado há pelo menos trinta minutos.

— Não é possível!!!

Realmente, eu havia apagado. Nunca tinha ido a uma reunião de lamas tibetanos cantando mantras. Foi surreal. Meu irmão me disse:

— Isso vai acabar com a sua ansiedade.

Eu tinha acabado de reservar minha passagem para os Estados Unidos. Devia ficar com minha filha e precisava deixar tudo muito bem encaminhado para que a pesquisa funcionasse.

Eu tinha uma *video call* com o Paixão e essa conversa seria um ponto-chave para me dar a tranquilidade de que eu precisava.

— Olá, Paixão! Tudo bem?

— Bom dia, sr. Gelson.

— Compramos uma briga.

— Mais uma, não é sr. Gelson!

— Preciso ver como isso vai funcionar, mas confio em você.

— Eu já estruturei as perguntas com o Matias, que é matemático e especializado em *data science*. Ele construiu fórmulas e criou algoritmos sinérgicos. Pedi que a mesma pergunta pudesse rodar de várias formas para termos certeza das respostas. Se alguém mentir em alguma delas, a gente pega na próxima. Fizemos 46 perguntas. São vinte minutos para responder.

— Isso é ótimo. E como vamos saber se os resultados são justos, mesmo?
— Fácil. Já apliquei na minha loja.
— O quê? Como você fez isso? O RH sabe?
— Não sabe. Conversei com as pessoas dizendo que estamos testando um processo de tecnologia e todas ajudaram.
— E os resultados?
— Estão aqui comigo.
— Preciso ver isso.
— Vou compartilhar na sua tela.

Quando ele começou a mostrar e explicar, fiquei encantado e, ao mesmo tempo, seguro com o que estava sendo proposto. Ele detalhou o modelo usado com base no livro branco. Era um gráfico radar com 16 culturas na loja. Oito positivas e oito negativas. Ele explicou que todo ambiente tem as 16 culturas e o que importava eram duas coisas apenas: a ênfase sequencial e a taxa de contaminação. Ele comentou que toda virtude tem seus excessos e sua desvirtude. Por exemplo, uma cultura de resultados pode ser positiva quando as pessoas se autodesafiam, mas pode ser negativa quando as pessoas se tornam competitivas e destrutivas. Junto com o Matias, ele conseguira descobrir os percentuais de ênfases das culturas e suas taxas de contaminação. Paixão mostrou que sua loja tinha as seguintes ênfases de cultura:

1. Resultado – 83%
2. Aprendizagem – 75%
3. Ordem – 74%

4. Segurança – 73%
5. Prazer – 51%
6. Propósito – 43%
7. Acolhimento – 41%
8. Autoridade – 35%

E também tinha estas taxas de contaminação, que eram os comportamentos coletivos negativos:
1. Ordem – 62%
2. Segurança – 59%
3. Resultado – 45%
4. Propósito – 39%
5. Acolhimento – 30%
6. Aprendizagem – 19%
7. Autoridade – 15%
8. Prazer – 9%

Os percentuais representavam a quantidade de vezes que aquele conjunto de atitudes se manifestava. Paixão ainda disse que a taxa de contaminação era natural desde que não passasse de 30%. Bom, ali já detectamos coisas muito interessantes. Vimos que a cultura central, que deveria ser aprendizagem, na loja dele era resultado. E que as taxas de contaminação de ordem e segurança eram muito altas.

Assim que desligamos a chamada, pensei: *Quando tivermos essa informação de todas as lojas, tudo ficará mais claro.*

Agora eu tinha certeza do que estava fazendo.

Precisava acionar o RH sem demora.

18

O cão que chupa manga

Aterrissei na cidade de Boston com a temperatura local em dois graus negativos. Boston é muito bonita com neve. Peguei um carro compartilhado e me dirigi ao hotel, que ficava em Downtown, um lugar próximo do centro de estudos da Nat. Assim que cheguei, eu a vi no saguão, sentada no sofá, me esperando. Natália, minha filha, estava linda. A despeito do barrigão, não havia mudado nada – o rosto fino de traços suaves, a pele lisinha e sempre muito bem-arrumada. Quando ela me viu, começou a chorar.

Nós nos abraçamos e fiquei muito emocionado.

— Pai, te amo!
— Também te amo, minha filha.
— Estou a um mês de ter o Paul.
— Já tem nome, então? É Paul?
— É, em homenagem ao Paul McCartney, dos Beatles
— Melhor do que John, né?
— John Lennon lembraria meu ex — disse ela, rindo.

— Vou ficar aqui até meu neto nascer. Terei que voltar ao Brasil duas vezes, viagens de bate e volta, mas não serão no período crítico.

— Obrigada, pai! Te amo muito!

Montei uma estrutura de internet no meu quarto de hotel e integrei todo mundo com meus smartphones, tablets etc. Era uma parafernália.

Eu tinha uma videoconferência com a Suzana no início da tarde, em que trataríamos de questões da aplicação da pesquisa. Eu achava desnecessária a participação dela. Bastava a gerente de RH para coordenar tudo, mas era o que eu tinha pela frente.

Iniciamos a reunião pela plataforma, abrimos nossas câmeras e Suzana começou:

— Agora é boa tarde ou bom dia aí, Gelson?

— É boa tarde, Suzana.

— Boa tarde, então! Aqui é meio-dia.

— Duas horas de diferença.

— Está frio por aí?

— Gelado, mas eu gosto.

— Fiquei sabendo sobre sua filha. Ela está bem?

— Acredito que ficará bem. Ela está grávida e o pai da criança não quis assumir. Eu preciso dar apoio neste momento difícil.

— Eu faria o mesmo. Hoje em dia dá pra gente trabalhar e fazer tudo independentemente do local em que estamos.

— Dá, sim. Para mim ficou mais fácil, porque terminei todo o *roadshow* de lojas e fornecedores. O virtual resolve.

— Sem dúvida. Vamos aguardar mais um minutinho porque o Bonamigo quer participar também.

— O.k. — respondi, mas pensei: *Hum, não é boa coisa. O que ele tem a ver com isso?*

Em seguida, Bonamigo entrou.

— Boa tarde, Gelson. Espero que esteja bem por aí, perto da filha.

— Boa tarde, Bonamigo. Estou mais tranquilo, e ela também.

— Muito bem, Gelson, você pediu a reunião para falar sobre a pesquisa. O que tem em mente? — começou Suzana.

— Eu já tenho o material pronto e a metodologia para aplicá-lo. É uma pesquisa *on-line* que as pessoas acessam pelo smartphone mesmo e respondem por cerca de vinte minutos. Eu precisaria alinhar com o RH para engajar todos nisso.

— Mas serão todos os funcionários?

— Sim.

— Gelson, isso é muito trabalhoso. Não seria melhor fazermos amostras por setor e algumas pesquisas focais?

— A Lisa já fez as pesquisas focais e estão bem assim. Eu gostaria de ouvir todos. Não vejo tanto trabalho, uma vez que é *on-line* e já tenho a pesquisa traduzida em seis línguas.

— Nosso time de RH está muito ocupado com o projeto de cultura e outros oito projetos que estão rodando. Tenho receio de não conseguirmos atender as suas expectativas.

— Nós precisamos apenas de um esforço orientado para mobilizar pessoas. Um esforço em rede.

— E quem você recomenda?

— A gerente de RH ou alguém que tenha liderança para coordenar isso.

— Gelson, mesmo não concordando com essa iniciativa, não vejo uma pessoa para fazer isso de forma rápida. Talvez leve um tempo.

— Eu entendo. Pensei no RH porque vocês trabalham com esses temas, mas posso conduzir a pesquisa pela minha área, se você não se importar.

Calado até então, Bonamigo falou:

— Gelson, me desculpe, mas eu quis participar para entender melhor a dimensão disso. Você está trazendo um problema, a meu ver. O RH está entulhado de projetos, todo mundo ocupadíssimo. Aí você aparece com uma pesquisa complicada e abrangente que toma tempo e recursos humanos, quando já temos nas mãos análises feitas e cultura definida. E ainda se propõe a fazer a pesquisa por conta própria, extrapolando os limites da sua área? Não concordo.

— Bonamigo, eu sei que trouxe um incômodo, mas realmente tenho dúvidas e acredito que isso influencia os nossos resultados e estratégia. Não me importo de outra área conduzir a pesquisa, mas se não tiver ninguém, posso resolver a situação, já que eu a causei.

— Eu não aprovo a opção de você conduzir a pesquisa, até porque é um assunto que você não conhece e uma pesquisa da qual nem sabemos os fundamentos.

— Eu pretendo realizá-la de toda forma e informá-los dos resultados, logicamente.

— Quero que saiba que vou registrar isso no conselho — ele concluiu.

— É sua prerrogativa. Não tem problema.

Então Suzana se manifestou:

— Gelson, quero te dizer que dessa forma não posso ajudar. A pesquisa é muito ampla, complicada, e não quero assumir um projeto em que não acredito nem conheço os fundamentos.

— Suzana, eu te entendo e respeito. Saiba, porém, que vou conduzir a pesquisa por minha própria conta e responsabilidade.

Terminamos a reunião e vi que teria de lidar com os dois jogando contra. Mas achei bom que a conversa tivesse sido franca. Jogo aberto é jogo limpo. Isso faz parte do mundo dos negócios.

Eu precisava montar um plano paralelo para rodar a pesquisa.

19
Pegando o boi pelo chifre

Estávamos rindo muito naquela noite, no apartamento da Nat. Tomei bastante vinho, por ela e por mim. Ela só nos sucos balanceados. Há quanto tempo não ríamos tanto...

— Nat, estou muito feliz de ver você se ajustando no trabalho.

— Estou terminando minha tese e a instituição na qual trabalho em um projeto quer me contratar efetivamente, como projetista de cálculos exponenciais.

— Não sabia que lidava com isso.

— Fiz uma extensão no meu curso, em *data science*, e meu projeto foi computação quântica em nuvem com interfaces de dados.

— Uau! Isso é o que o mundo quer!

— Pois é. Fiz a extensão por curiosidade, mas amei o assunto e minha formação básica em cálculos e fórmulas me ajudou muito. Hoje tem oito empresas atrás de mim.

— Você se forma no ano que vem?

— Eu antecipei muita matéria; será em menos de um ano. Mas já posso trabalhar porque estou fechando as disciplinas que restam e ficará somente a tese, que está muito avançada.

— E o que você quer fazer?

— Quero trabalhar na área de tecnologia, só não sei em que ramo. Mas será bom porque posso trabalhar de casa. Na minha especialidade, o salário inicial é 10 mil dólares. Isso me deixa confortável para estar com o Paul em casa.

Eu estava feliz de estar com minha filha neste momento tão importante. Quase todas as noites nos encontrávamos no apartamento dela, que era pequeno – quarto grande com sala e cozinha. Uns 50 metros quadrados, mas muito arrumado e acolhedor. Talvez ela precisasse mudar para um imóvel de dois quartos, para dar espaço ao Paul, mas o tempo é o melhor aliado.

Eu ficava boa parte do tempo no hotel, entre diversas reuniões. Às vezes descia para áreas de convivência a fim de relaxar e trabalhar em outro ambiente. Todo o time estava muito animado com as lojas do México, que respondiam bem nas vendas. Mas meu desafio era fazer a pesquisa rodar. Meu diretor de lojas quis assumir, mas achei melhor eu mesmo pegar o boi pelo chifre. Se desse problema, seria comigo. Eu sabia que estava operacionalizando, ou seja, sentando na cadeira de outro – algo que eu detestava fazer –, mas as circunstâncias não permitiam outra solução. Juntei um time de articuladores junto com minha secretária e o Paixão. Nossa reunião estava prestes a começar, eu no lobby do bar do hotel e a turma toda no Brasil.

Abrimos os trabalhos nos cumprimentando e um dos membros da equipe, o Silvio, apresentou toda a estratégia.

— Pessoal, a ideia é a seguinte: dividimos a pesquisa em oito blocos, com um líder para cada bloco. Ah, já temos esses líderes. Um bloco estará focado nas lojas, divididas por países. Conseguiremos fazer tudo em três dias. Os outros blocos envolvem os demais departamentos, para os quais estimamos sete dias de aplicação do questionário.

— Ótimo — disse eu. — E como funcionará?

— Pessoal, estou falando pelo time aqui; se alguém quiser completar, por favor o faça — Silvio prosseguiu. — Nós vamos fazer um vídeo e criar seis plenárias Homedere para engajar todas as 30 mil pessoas em seu idioma. Depois soltaremos uma mensagem para todos os líderes por meio do nosso sistema de comunicação direta; são 354 engajadores com metas que serão acompanhadas por oito líderes maiores. Eles reunirão as pessoas em salas e darão vinte minutos, aproximadamente, para cada uma se manifestar. O Paixão se ofereceu para acompanhar esses oito líderes e nós daremos suporte geral. Abriremos um link e eles entrarão. Contaremos a quantidade de pessoas que cada um reuniu e checaremos se todas responderam às questões sem invalidar a pesquisa. Teremos seis analistas disponíveis em período integral para dar suporte técnico e operacional. Enfim, é isso.

Ele apresentou um documento com todos os detalhes e o compartilhou. Eu achei a metodologia simples e prática, e perguntei:

— Quando teremos os dados gráficos?

Um dos participantes respondeu que o tratamento da base levaria quinze dias e, depois desse período, teríamos todos os gráficos radares em forma de espiral com percentuais de ênfases e taxas de contaminação.

Minha preocupação era não ter o pessoal do RH envolvido nisso, e a Suzana fora enfática. Eu disse a todos:

— Estamos por nossa própria conta e risco. Algumas pessoas me disseram, de forma bem franca, que não acreditam nesta pesquisa e não se envolverão. Portanto, o sucesso será de todos e o fracasso, só meu. Conto com vocês.

O pessoal estava animado e me passou firmeza.

Quando a reunião terminou, pedi para o Paixão ficar um pouco mais.

— Como você está vendo tudo isso, Paixão?

— Ora, é brilhante. Informação é tudo. Discutiremos melhor com dados.

— Mas trabalhar com dados colhidos das pessoas traz um viés muito subjetivo.

— Depende da qualidade da pergunta e da base de amostragem. O maior erro é entrevistar meia dúzia de pessoas e usar uma amostragem parcial. Em se tratando de cultura, escutam-se todos. Não tem como definir o futuro sem olhar para a realidade da maneira mais ampla possível. A realidade não é o que é ouvido, mas aquilo em que as pessoas acreditam e fazem. Por isso, pelo que vejo, cultura tem a ver com o oculto, a gestão do invisível, com aquilo que os relatórios não mostram.

— Entendi. Mas, uma vez feita a pesquisa e identificada a realidade, como proceder?

— Simples. Devemos discutir o que de fato é melhor para o negócio, e isso é muito diferente de defender o que "nós queremos que seja melhor". Não é uma questão de impor o nosso ponto de vista, mas de fazer o que o negócio exige. Quando finalmente se define uma cultura ideal, é bem provável que ela seja diferente daquela desejada por um grupo executivo. Quem deve mandar é o negócio.

— Sim, faz sentido. E depois de definida a cultura ideal, como avançar?

— Fácil. Com números em mãos, o processo flui naturalmente por metas. Marcamos uma próxima pesquisa e os líderes precisarão desenvolver um plano de cultura para chegar ao melhor ambiente de negócios.

— Então, a ideia é aplicarmos isso de novo?

— Sim. No livro branco registrei que fizemos isso por alguns anos e as pessoas assumiram compromissos reais. Lógico que, na época, não tínhamos nada tão sofisticado, mas funcionava com relatórios.

As coisas começavam a ficar mais claras quanto à evolução do processo, e eu pensava cada vez mais na confusão em que estava entrando e em como poderia integrar isso com o trabalho da Lisa.

20
Traíra sem espinho

Nossa expectativa era de que Paul nascesse dali a quinze ou vinte dias. Minha filha estava deitada com a cabeça no meu colo e assistíamos a um jogo de futebol americano, que ela adorava. Quando era pequena, sempre ficávamos nessa posição afetiva no sofá. Era uma delícia. Uma hora, ela olhou para mim e disse:
— Pai, e você? Não tem ninguém?
— Como assim?
— Você está saradão, nem parece que tem 50. Não tem uns casos por aí, não?
— Não estou preocupado com isso, filha. Minha energia está toda voltada para a empresa e a família.
— Você ainda gosta da mamãe?
— Deus me livre! Ela que cuide da vida dela. Sua mãe não foi legal comigo.
— Pai, posso falar uma coisa?
— Claro!
— Eu sabia.
— O quê??? Você sabia que ela me traía e não falou nada?

— Não falei. Achava que era um problema entre vocês. Eu não aprovava e disse pra mamãe que ela tinha que tomar uma decisão: você ou ele. Não concordava com o que estava acontecendo.

— Mas isso é muito moderno pra mim. Você tinha que ter me falado.

— Não é meu jeito. Estive do seu lado todo o tempo, mas do meu modo.

— Nem sei o que falar.

— Posso dizer outra coisa?

— Depende, porque estou abalado.

— Vou falar. Ela gostava de você, mas mamãe é inquieta, é carente demais, e você se esqueceu dela. Você focou a sua vida profissional. Era um marido zeloso, legal, mas sem sal.

— O quê??? Fui traído e sou sem sal?

— É, pai! Sexo é fundamental, e quantas vezes você transava com a mamãe?

— Pergunta indiscreta essa! Que é isso!

— Pai, sei que vocês ficavam de trinta a cinquenta dias sem sexo. Como isso funcionaria? Mamãe me teve com 18 anos e quando se separou estava com 44, no auge. E dez anos sem sexo ativo? Ela estava transbordando de carência. Só você não viu. Estou falando isso por amor a você. Acho que ainda gosta dela.

— Ela já era, a fila anda. Quem ama, fala. Ela devia ter sido franca comigo.

Eu fiquei atordoado com as revelações e comecei a repassar cada momento da minha vida com Olívia.

Eram oito da noite e o telefone corporativo tocou. Era o Paixão.
— Boa noite, senhor Gelson.
— Olá, Paixão. O que houve? — perguntei, pois ele nunca me ligava sem antes avisar.
— As pesquisas estão rodando bem nas lojas. Já temos 87% do processo concluído.
— Que notícia maravilhosa.
— Mas temos um probleminha. As áreas de suporte emperraram.
— Como assim?
— Tirando as áreas de suporte que estão ligadas ao senhor, as outras não evoluem.
— Que áreas?
— Administrativo, financeiro, RH e planejamento, entre outras.
— Mas como, não evoluem?
— Os líderes não reúnem as pessoas em salas pelo tempo determinado por nós e alegam estar atarefados. Por isso, temos só 4% dos questionários preenchidos até agora.

— Mas isso é nada. Por que eles estão agindo assim, se tudo foi combinado em reunião?

— Parece que são orientações superiores.

Naquele momento eu percebi que estava sendo traído pelos meus pares. Eles estavam sabotando o processo. Fiquei muito irritado. Terminei a ligação com o Paixão e contatei o Yuri.

Expus toda a situação para ele. Com sua habilidade natural, Yuri me disse:

— Gelson, isso não me espanta. Faz parte do jogo. Sei que é ruim e desagradável. Conheço o Bonamigo e ele está determinado a tirar você de cena. Ele é muito franco e honesto em suas posições. Posso não concordar com ele nas ideias, mas confio nele, pois ele fala a verdade. Quanto à Suzana, ela é uma boa profissional que está insegura neste momento, e é com ela que vou tratar disso. Deixe comigo que eu resolvo sem te expor e também sem constrangê-la.

Cerca de duas horas depois, Suzana me ligou:

— Olá, Gelson!

— Olá, Suzana!

— Vou ser breve porque está tarde — ela disse. — Yuri me contou que você conseguiu obter a maior amostragem com as lojas de todos os países. Parabéns. Seu pessoal está batendo cabeça com as áreas que não são suas porque você está receoso de invadir áreas alheias. Olha, quero te dizer que não precisa se sentir mal. Vou colocar cinco pessoas do meu time para acelerar esse final de processo, tendo em vista que vocês fizeram a maior parte do trabalho.

— Muito obrigado, Suzana! Eu estava constrangido, mesmo.

Não deu vinte minutos e Yuri voltou a me ligar.

— Ela te ligou?

— Sim, tudo resolvido. Ela vai me ajudar.

— A conversa que tive com ela foi boa e tranquila — Yuri comentou. — Ela é que estava te sabotando, não o Bonamigo. Descobri por aqui. O pessoal do RH entupiu o *backlog* das pessoas nesse período. Uma analista ágil me trouxe o relatório e confirmei minhas suspeitas.

— Obrigado, Yuri.

— Ainda torço para que dê tudo certo — ele disse e desligou.

Yuri ter descoberto essa ação de Suzana foi gravíssimo. Ele aceitava jogos de poder e conflitos, mas não esse tipo de comportamento. Suzana perdeu pontos com ele. E, ao estilo dele, essas coisas não são normalmente comentadas. Yuri é um mestre em *feedback*, mas tem algumas atitudes que ele não reporta e a pessoa fica pendurada na confiança dele. Eu, ao contrário, sou de falar tudo. Mas cada um é cada um.

21

Paul McCartney

Chegou o grande dia. As contrações estavam no limite e nos dirigimos para o hospital de forma muito feliz e tranquila, apesar das dores. Passamos pela famosa Newbury Street toda coberta de neve. O Massachusetts General Hospital era nosso destino e nos acompanhava o dr. Kim, um chinês radicado nos Estados Unidos com um inglês absurdamente perfeito. Era impressionante. Eu lidava com chineses há anos e o inglês deles sempre foi muito confuso, mas a fluência do dr. Kim era algo de tirar o chapéu. Só tinha mesmo o biotipo chinês; de resto, era bem americano.

Entramos na sala de parto com a Olívia acompanhando tudo por um telão.

Foi uma cena linda ver a criança nascer; um ser tão pequenino, repleto de fluidos, deixando a grande cesta de acolhimento que era o útero da mãe.

A criança foi banhada, chorou pouquíssimo e depois foi colocada ao lado de Nat. Em prantos, eu não conseguia me conter de alegria.

Meu neto! Acho que Paul McCartney ficaria feliz se um dia soubesse ter sido a inspiração para o nome do meu neto.

Passamos a noite no hospital. A recuperação de ambos foi ótima e logo estávamos no apartamento da Nat.

Avisei a todos que eu precisava de um dia inteiro de descanso para curtir o neto. A turma da empresa foi generosa e ninguém do time me chamou. Aliás, só foram mensagens a rodo de *parabéns!*

Esta era a primeira reunião de conselho desde que eu tinha ido para os Estados Unidos. Os dados da pesquisa ainda estavam sendo processados e tínhamos conseguido 94% de adesão. Um ótimo número. Pesquisando, descobri que qualquer resultado acima de 80% já era muito positivo.

Iniciamos os trabalhos com doze pessoas, contando os conselheiros convidados.

O presidente do conselho era um representante da Doit, que sempre abria os encontros com as formalidades básicas da nossa governança.

Em seguida, Yuri iniciou sua participação, como de hábito, relatando os números do trimestre e comparando-os com bases anteriores. As explicações, sempre muito pontuais e diretas, não deixavam dúvida. Ao final da apresentação, um representante do investidor Hermman pediu a palavra.

— Os resultados estão estáveis e vocês estancaram a queda que estava ocorrendo. Minha preocupação é a consistência para a virada dos números, pois ainda não aumentamos as margens. O que pretendem fazer e que números podemos esperar?

— Temos uma estratégia de reposicionamento das lojas — disse Yuri de imediato —; um projeto de engajamento integrado de lojas com clientes e suprimentos.

— E o projeto de cultura? Como ele se coloca dentro disso, uma vez que está no mapa estratégico? — quis saber o representante do investidor.

— Vou pedir aos meus executivos que falem sobre isso — disse Yuri.

Suzana foi a primeira a se pronunciar.

— O projeto de cultura está em andamento com diversas ações de engajamento, seguindo o novo modelo já aprovado pela diretoria. Acreditamos que isso começará a impactar os resultados em seis meses. — Na sequência, Suzana apresentou alguns dados bem pontuais.

— Seis meses é um tempo razoável se não mudarmos de direção na cultura — falou Bonamigo. — E isso pode ocorrer, é bom que saibam, pois estamos realizando outro movimento para checar se o rumo tomado é mesmo o correto.

— Como assim, checar se o rumo tomado é mesmo o correto? Nós não podemos aguardar esse tipo de movimento. Qualquer volta impacta os resultados e o retorno do compromisso com nossos acionistas. Gostaria de uma explicação — disse o homem da Hermman, aparentando irritação.

O representante da Doit também achou estranho esse posicionamento e se manifestou.

Bom, o caldo entornou em cima de mim. Os investidores estavam agora de olho na questão da cultura. Bonamigo havia levantado a questão e o tema virou conflito.

O sr. Ivanir tomou a palavra:

— Vejam bem, a questão da cultura é realmente muito importante neste momento. Nós adquirimos as lojas na Europa e precisamos unificar tudo. Entendo que cultura não é um botão que se aperta e tudo muda. Requer análises e estratégias específicas. O que percebo é que está ocorrendo uma ação mais zelosa com a implantação da cultura. Parece-me que vocês estão aplicando mais uma pesquisa para ter certeza dos rumos adotados no que se refere às pessoas e ao próprio modelo cultural. É isso mesmo?

— Sim, exatamente — disse Yuri.

— Mas como podemos ter segurança nos números prometidos? — perguntou o representante da Hermman.

— Eu garanto — afirmou Yuri. — Esse movimento da cultura é importante, mas a estratégia é que conta.

A reunião se encerrou com essa declaração do Yuri. Não precisei falar, mas me senti muito mal. Em seguida, liguei para ele.

— Yuri, obrigado pelo apoio.

— Gelson, espero que esteja certo, do contrário posso retirar meu apoio. Preciso de *reports* mais curtos de tudo que está ocorrendo. O Bonamigo me disse que iria trazer a questão ao conselho e trouxe. Pois bem, agora estamos sob os olhos deles. Quero seu empenho total nisso.

Terminamos a curta ligação e pensei: *Preciso voltar para o Brasil.*

Marquei minha passagem para dali a quatro dias, a fim de aproveitar um pouco mais de tempo com minha filha e neto.

22

A hora do não

Minha filha estava completamente estabilizada e programei uma ida mensal a Boston para vê-los.

Já no Brasil, meu irmão, Gildo, apareceu no meu condomínio.

— E aí, bichão! Gostou daquele sábado?

— Nem me lembro do que ocorreu! Você está doido? Aquilo lá é muito estranho! Apaguei!

Ele riu muito e me abraçou! Gildo é meio mala de vez em quando. Fala sempre pegando nas pessoas, mas é gente boa demais.

— O que é aquilo? Uma seita que hipnotiza as pessoas?

— Que nada! É mantra!

— O que é isso?

— Os mantras têm muitos propósitos, e um deles é cansar a mente. Quando a mente cansa, os mantras desmontam a estrutura condicionante da lógica. Você pensa demais, irmão! Precisa descansar a mente. Por isso apagou. Vamos lá de novo?

— Para quê?

— Para acalmar a mente.

— Nada disso. Não quero minha mente tranquila, não. Quero ela ligadaça! Preciso dela ativa e operante!

— Por isso mesmo você deveria ir! Quanto mais ela descansa, mais fica ligada!

— Não entendi.

— Olha só. Imagine se você não dormisse. O que ocorreria?

— Iria entrar em total exaustão!

— Então! A mente também precisa de descanso!

— Eu já dou isso a ela quando durmo. Pronto! Está resolvido!

— Que nada! Quero ver você descansar com ela ativa. Aí é que está o real descanso e controle da mente. Vamos à próxima reunião? Mas quero que vá agora pensando no domínio da mente!

Meu irmão é tão legal, e o jeito como ele coloca as coisas torna tudo simples e fácil. Cedi muito mais pelo jeito dele do que pelo propósito em si.

Fazia um dia lindo em São Paulo. Eu estava olhando pela janela do meu escritório quando minha secretária me chamou dizendo que havia uma visita inesperada na antessala, e se eu podia recebê-la. Sem saber quem era, disse sim.

Quando a pessoa entrou pela porta vi que era o sr. Ivanir. Levantei-me e fui ao encontro dele, que, como sempre, estava vestido de modo simples e tinha gestos bem sutis e simpáticos. Ele disse:

— Tenho acompanhado o seu trabalho. Me desculpe por ter vindo sem avisar, mas estava de passagem quando vi sua sala e decidi parar.

— Perfeitamente — falei. — Em que posso ajudá-lo?

— Em nada, meu jovem. Gostaria apenas de dar os parabéns pelo trabalho que vem fazendo. Sei que está revendo os valores antigos que foram perdidos pela Homedere.

— Tenho arrumado muita confusão com meus pares, mas estou convicto de que precisamos de um ajuste mais refinado na cultura.

— Você está certíssimo. Na minha época, trabalhávamos fortemente a cultura, mas sem usar esse nome e sem saber desses conceitos modernos. Tínhamos um *feeling* e seguíamos intuitivamente uma lógica. Claro que éramos experimentadores, mas aprendíamos muito rápido. Não tínhamos medo de errar e eu permitia que as pessoas errassem. Por isso construímos tudo tão rápido.

— Senhor Ivanir, eu tenho pesquisado muito sobre esse passado. Como o senhor construiu uma rede de inovação que desse resposta tão rápida às demandas dos clientes identificadas nas lojas?

— Ah, essa é uma pergunta relevante que ninguém até hoje me fez. Terei prazer em lhe contar. Ao longo do nosso crescimento, descobri que o pequeno e o médio fabricantes eram mais estratégicos para nós. O grande não funcionava bem, pois era lento e muito impositivo. Com os pequenos e médios, eu tinha maior margem para negociar. Mas o ponto central não era o preço, e sim o tempo de resposta para criar um produto que resolvesse o problema do cliente. Por exemplo, nós percebemos que os guarda-sóis do mercado eram de alumínio, e que as coberturas voavam ou empenavam. Conseguimos que três fornecedores desenvolvessem um produto que oferecesse mais segurança sem aumentar o preço. Eles criaram uma base de concreto integrada ao conjunto de mesa e cadeiras que ficou muito elegante. Na época, só nós tínhamos isso. Depois todo mundo copiou. Eu não ligava de ser copiado, o importante era fazer a leitura precisa da realidade dos clientes. Muitas coisas foram evoluídas dessa maneira no nosso negócio.

— Como engajavam os fornecedores?

— Simples. Eu visitava cada um, listava seus maquinários e avaliava a capacidade de produção, além do potencial criativo. Mapeado o fornecedor, dávamos a ele uma lista de produtos, isso sem falar dos fornecedores que já eram especializados em determinadas áreas. Eu conhecia todos os proprietários pessoalmente, muitos frequentavam a minha casa.

Para mim, eles eram o fator estratégico do negócio. Assim eu tinha contratos formais e relacionamentos muito leais com todos, e levava as soluções para eles desenvolverem.

— O senhor acha que isso é possível em uma empresa global?

— Claro que sim! A estratégia é global e os acordos devem ser locais.

— Mas hoje não é assim. Temos fornecedores imensos que produzem volumes globais para nós distribuirmos.

— Acho essa estratégia não muito inteligente. Consegue-se um custo mais baixo, mas não existe mais a criatividade. Você vai sempre depender da vontade do fornecedor, perdendo o protagonismo.

— Eu consigo entender, mas sua lógica é totalmente diferente daquilo que praticamos hoje.

— Acredito que você pode mudar isso.

— Fiquei muito sensibilizado com essa lógica, mas preciso testá-la e ver os resultados.

— Já funcionou assim antes. É só adaptar.

— Vamos ver, sr. Ivanir.

— Gostaria de te apoiar para ser o novo CEO quando Yuri for para o conselho. Me parece que essa é a vontade dele também. Posso contar com você nesse projeto?

— Senhor Ivanir, eu me sinto muito honrado com a indicação, mas não posso me comprometer com isso. Preciso focar a minha missão, que é gerar margens consistentes.

Ele ficou em silêncio, um pouco decepcionado, mas se despediu com muito afeto.

Esse foi o "não" mais rápido e convicto que dei. Não era hora de pensar nisso.

23

A hora da verdade

Lá estava eu de novo naquele ritual estranho. Em uma tenda com cerca de quarenta pessoas; estávamos entoando mantras sem parar. Para variar, eu tinha uns trezentos pensamentos na cabeça, observando tudo e todos. De repente senti uma leveza.

Meu irmão me cutucou.

— Gelson, acorda, velho! Já tem meia hora.

— O quê??? Nem vi que dormi!

— Dormiu que nem bebê — disse ele, aos risos.

— Mas não é possível. Apaguei sem perceber!

— Pois é! É disso que sua mente está precisando. Baixa os mantras pela internet.

— Vou baixar. Mas isso tudo é muito louco!

Ele riu.

Ao longo desse dia, entrei em um estado de paz que eu nunca havia vivido antes. Enxergar as coisas ficou mais fácil, e também ler os cenários. Parecia que eu era mais eu do que antes. Acabei marcando outra sessão.

Chegara o dia em que todas as análises da pesquisa ficaram prontas e teríamos um raio x da empresa.

Eu havia marcado uma reunião presencial e deixara a manhã toda reservada para isso.

Como sempre, Paixão entrou animado em minha sala. Junto com ele, meu diretor de lojas e mais dois outros diretores também bastante agitados. Eu perguntei:

— Paixão, estou te envolvendo tanto neste projeto e só agora é que me dei conta. Quem está tocando a sua loja?

— Eu e meus supervisores — ele respondeu. — Eles têm papéis bem definidos e sobra tempo para eu me envolver nisto aqui. Meus números estão bem também, é claro!

— Que bom — disse eu, aliviado. — Vamos lá, o que temos?

— Posso apresentar? — pediu Paixão. — Passei o fim de semana debruçado nisso e acho que entendi tudo.

Todos consentiram.

— Vamos pelo começo. Fizemos a pesquisa e obtivemos amostragem geral e amostragem específica.

Vou dar os números gerais e depois observamos os números por lojas e áreas. Em geral, nossas ênfases são as seguintes: ordem, 85%; segurança, 82%; autoridade, 79%; resultado, 70%; acolhimento, 56%; propósito, 45%; aprendizagem, 37%; prazer 23%. No que diz respeito às taxas de contaminação, os percentuais são estes: resultado, 45%; ordem, 44%; segurança, 39%; autoridade, 38%; acolhimento, 28%; propósito, 26%; aprendizagem, 13%; prazer, 11%.

Após uma breve pausa, Paixão retomou sua exposição:

— O ponto interessante é que a nossa cultura real está voltada para uma engrenagem focada em resultado, mas cheia de travas de segurança para que as pessoas sejam apenas comandadas. O que isso mostra? Que as medidas de controle, prevenção, *compliance* e gestão de desempenho foram incorporadas na organização. As metas são todas individualizadas, e o sistema faz as pessoas responderem a seu chefe e trabalharem para ele, não para o negócio. Não haverá campo para trabalhar em equipe, como propomos, se não mexermos no sistema. Outro ponto central são as taxas de contaminação. É perceptível que o medo, de certa forma, está instalado na empresa, uma vez que as pessoas têm mais receio de errar do que vontade de acertar. Os resultados vêm por conta do medo de fracassar. Então, cada área se protege e por isso temos os problemas de entrega, demora na reposição de produtos, falta de *timing* para lançar produtos novos etc. Na taxa de contaminação do resultado é possível perceber o egoísmo sutil e velado. Na taxa de contaminação da autoridade, o medo e a subserviência das pessoas. E na taxa da segurança, mais uma vez, o medo da punição e o enquadramento das pessoas em suas caixas. Portanto, senhores, não há campo para o progresso se não tratarmos disso.

— E as lojas? — perguntei.

— De forma geral, é isso — respondeu Paixão. — Mas tem particularidades. Na Europa, o modelo de autoridade é fortíssimo e a taxa de contaminação, também. A cultura que veio da Luk é moldada em comando e obediência, até porque o antigo CEO era da família e eles têm histórico militar. Isso está impregnado.

Paixão dissecou todas as áreas por duas horas, com detalhes impressionantes. Sua leitura era muito precisa e retratava a realidade prática do dia a dia da empresa.

— E qual seria a cultura ideal? — indaguei.

— Eu montei uma pequena pesquisa para respondermos agora sobre o que acreditamos ser a cultura ideal, e fiz isso a partir de perguntas muito bem selecionadas, relativas ao nosso negócio — explicou Paixão. — Abram os seus computadores e sigam o link. Acabei de enviar.

Preenchemos o questionário na hora e Paixão mostrou o gráfico produzido por nós cinco.

Foi incrível. O gráfico apontou aprendizagem com foco em resultado como a cultura mais adequada. Nossa empresa tinha que ser guiada pela inovação para então focar os resultados, sem perder de vista a engrenagem de gestão e a segurança que Bonamigo havia implementado.

Eu não precisava de mais nada. Estava confiante para tratar do assunto, mas a questão era: como defender essa tese se ela ia na contramão de tudo que estávamos fazendo?

Era hora de pôr Yuri a par de tudo.

24

Algumas flores têm espinhos

Quando olhei para o número na tela do celular, hesitei. Era Olívia. O que ela quer comigo? Uma mistura de dor e ansiedade bateu forte em mim. Decidi atender.

— Oi, Ge — ela disse.
— Oi.
— Estou ligando pra te agradecer pelo que fez por nossa filha.
— Ah, era o mínimo. Fiquei feliz por poder ir sem atrapalhar o trabalho.
— Isso é muito difícil. As pessoas hoje não têm tempo. E quando têm, não se dispõem a tanto. Você foi um paizão.
— E você? Como está?
— Estou bem, entrando no último mês; corpo respondendo bem, pressão estável. Tudo melhor do que eu imaginava.
— Que bom! E seus planos?
— Bom, eu não cogitava engravidar. Aconteceu, né! Coisas do destino que a gente aceita

sem questionar. Se meu filho tinha que vir, que seja bem-vindo, então.
— É menino?
— Sim. Vai se chamar Tomás, em homenagem ao meu avô.
— Bonito nome. E como está o pai dele?
— João está bem, trabalhando muito. Ele é fisioterapeuta e tem uma agenda agitada de dia, de tarde e de noite. Está feliz demais.
— Que formem uma família feliz.
Terminei a ligação com um nó na garganta. Como se já não bastasse minha filha ter um John na vida dela, a Olívia tinha um João. Nunca detestei tanto um nome como esse, e em duas línguas.

Eu havia acabado de apresentar todo o resultado da pesquisa e a percepção de cultura para o Yuri. Fiquei ali em pé, na frente dele, enquanto ele olhava para o alto. Aqueles segundos de silêncio me deram um frio na barriga. Em seguida, ele ajeitou os óculos, endireitou o corpo, olhou para mim e disse:
— Temos um problema. Eu acredito na conclusão a que chegou.
— Que ótimo. Por que isso é um problema?

— Você terá que levá-la ao conselho. Não será assunto de executiva.

— Mas por quê?

— Estamos tendo uma disputa muito forte no conselho. Todos querem as margens, mas cada um deseja usá-las de um jeito. Os interesses estão dissonantes. O assunto da cultura é um objeto de poder para que os apoiadores do Bonamigo o coloquem na cadeira de CEO no futuro, e eu quero que você a ocupe quando esse dia chegar. Você precisa se expor e enfrentar essa situação para ganhar confiança.

— Mas como fica a Suzana nessa história? Não seria melhor que ela propusesse a mudança?

— Não acredito na Suzana. Ela não tem humildade. Essa reunião mostrará se ela é uma pessoa flexível ou não. Darei essa chance a ela. Se mudar de postura, vai assumir o projeto de cultura e implantá-lo. Será bom para ela. Se não tiver humildade para tanto, ela mesma vai pedir para sair.

Eu não queria ser CEO, mas não tive coragem de dizer isso ao Yuri. Aceitei a missão e me preparei para a reunião extraordinária convocada por ele.

Vivi dias muito intensos até chegar o dia tão esperado em que apresentaria ao conselho as conclusões da pesquisa sobre a cultura.

Alguns membros do conselho participavam presencialmente e outros *on-line*. O presidente deu a palavra ao Yuri, que fez as considerações específicas da pauta e passou a bola para mim.

Eu me levantei e comecei a projetar cada passo que tomamos até as conclusões gerais dos gráficos. Explanei com todos os detalhes e acrescentei muitos dados que reforçavam os números da cultura. Provei que tínhamos coisas muito boas que não poderiam ser perdidas e elogiei muito o Bonamigo por isso, mas fui categórico ao afirmar que havíamos perdido a essência da empresa, as raízes culturais muito específicas que tinham sido plantadas pelo sr. Ivanir. Em síntese, mostrei que se juntássemos o legado do sr. Ivanir com o que Bonamigo construiu, teríamos a fórmula certa para aumentar margens e crescer.

Yuri não movia uma sobrancelha, para variar. Quase todos os membros do conselho concordaram com a tese. Apenas um ficou reticente. Bonamigo manteve-se em silêncio e Suzana também. O sr. Ivanir não cabia em si de tanta satisfação. Assim que encerramos a reunião, Yuri chamou a nós três, vice-presidentes, para uma conversa em sua sala.

— Bom, pessoal — começou o CEO —, precisamos redesenhar nossa cultura e definir o que queremos. Gostaria que estivéssemos todos alinhados com isso. Então, quero ouvi-los.

Ninguém disse muita coisa. Bonamigo estava murcho e Suzana, toda simpática, mostrou-se aberta para fazer o que tivesse que fazer.

Ao final do dia, minha secretária me ligou:
— Já sabe da notícia?
— Não.
— Suzana pediu demissão.

25

Se está na chuva, é para se molhar

Eu estava começando a gostar do baratinho de respirar e visualizar. Era o exercício que o Gildo havia me ensinado junto com umas músicas bem relaxantes. A prática era simples: eu me sentava e passava a respirar levando o fluxo de ar para a barriga, então visualizava esse fluxo descendo pelas minhas pernas. No início eu apagava, depois consegui fazer o exercício acordado. Era muito bom. Minha mente se expandia. Parecia que eu estava imenso. Sentia meu corpo pulsar e minha sensibilidade aumentava.

O exercício limpava minha mente de quase todos os pensamentos e eu já estava começando a me sentir diferente no trabalho. Algumas crises de ansiedade não se manifestavam mais. Estava gostando tanto que passei a praticá-lo duas vezes por dia – trinta minutos de manhã e à noite.

Desde então me convenci de que o lado zen trazia benefícios poderosos. Meu preconceito havia caído por terra.

Eu estava me sentindo feliz e, ao mesmo tempo, culpado pela saída da Suzana. Eu gostava dela. Mas Yuri, como sempre, um bruxo nos negócios, previu o que ocorreria. Refleti muito a respeito e durante as minhas meditações senti o ímpeto de assumir a área dela interinamente. Minha área estava redonda e os diretores tinham plena autonomia. Eu acreditava que daria conta de assumir a vice-presidência de planejamento, gente e gestão. Marquei uma reunião com Yuri e, chegado o dia, fui decidido ao encontro.

— Yuri, como você está pensando a VP da Suzana?

— Já estamos rodando um *executive search* em busca de alguém — ele respondeu.

— Você considera o projeto da cultura importante?

— Crucial.

— E isso não deveria ficar conosco, que estamos envolvidos diretamente?

— Aonde quer chegar, Gelson?

— Eu posso assumir.

— Pensando bem, isso seria ótimo. Talvez a cultura possa ficar com você, sim.

— Posso gerir a minha VP e assumir a dela provisoriamente, até deixarmos tudo redondo.

Ele fez um breve silêncio, então falou:

— Você tem noção do que está me pedindo?

— Sim. Pensei muito sobre isso e dou conta.

— Você será cobrado pelo conselho; terá uma equipe grande e com *expertises* bem distintas das suas. E ainda não pode perder as margens que estamos ganhando. Você pode até colocar sua permanência aqui em jogo. É bem arriscado.

— Yuri, confie em mim. Eu dou conta. Não será definitivo. Será provisório. Vamos fazer isso com prazo determinado.

— Até quando?

— Me dá seis meses e faço todas as transições.

— Não haverá bônus por dupla função, a princípio.

— Não me importa. É pela causa!

Passados dois dias, fui anunciado como VP interino de planejamento, gente e gestão.

Reuni todo o time da Suzana e fizemos uma reunião muito positiva. Expliquei que meu objetivo era tocar o projeto da cultura e fazer a área rodar operacionalmente.

A maior parte da equipe era formada por mulheres na faixa de trinta anos, e elas eram estupendas. Suzana tinha um grupo de trabalho excelente. Fiquei triste por ela ter saído, pois realmente havia montado um time de primeira.

Uma das colaboradoras me questionou:

— O que faremos com o contrato da Lisa? Cancelamos?

— Penso que não. Precisaremos dela. Acho que Lisa tem conhecimento para nos ajudar a operacionalizar a gestão da cultura. Pretendo apenas alinhar algumas coisas com ela. Mas não tenho objeções. Gostaria que cada uma de vocês mantivesse seu plano de negócios e nos reuniremos com mais frequência nesses primeiros meses.

Lisa ficou surpresa com a minha decisão, pois achava que eu a via como inimiga. Eu não costumo olhar as pessoas como inimigas simplesmente porque pensam diferente ou não gostam de mim. Agir de acordo com quem é favor ou contra sempre foi uma bobagem, a meu ver. Sou de olhar para a frente. Ora alguém está junto com você, ora não.

Decidi entrar na chuva de vez, visto que eu já estava todo molhado mesmo!

Bonamigo me chamou na mesma semana para uma conversa. Eu acreditava que precisávamos conversar, de fato, pois tudo estava mudando muito e agora éramos eu e ele tocando a empresa.

Ele estava sentado atrás da mesa quando entrei em sua sala. Bonamigo se levantou imediatamente e me cumprimentou.

— Quer café? — disse ele com seu jeito direto.

— Sim, por favor.

— Gelson, quero te dizer que você articulou tudo muito bem. Meus parabéns.

— Como assim, articulei tudo muito bem?

— Você destruiu o projeto, convenceu o Yuri, tramou para a Suzana pedir demissão, se aproximou do sr. Ivanir e agora acumula duas VPs. Cara, essa jogada foi de tirar o chapéu.

— Que é isso, Bonamigo! — exclamei, indignado. — Não foi essa a minha intenção!

— Meu caro, te conheço de muitos carnavais. Você quer ser CEO. Vamos jogar limpo aqui, entre nós. Quem será o próximo a ser rifado? Eu?

— Você está distorcendo as coisas. Não planejei nada disso. Veja bem...

— Quero lhe dizer uma coisa — ele me interrompeu bruscamente. — Não arredo o pé desta empresa. Adoro isto aqui. Acredito no potencial da Homedere e vou fazer dela uma empresa foda. E digo mais. Serei eu ou você aqui dentro. Não gosto do jogo sujo que você fez e estou declarando abertamente que investigarei até o mínimo suspiro que você der. Você terá que ser um superexecutivo para me convencer de sua competência. E mais. Vou monitorar cada passo seu nas questões éticas e de influência aqui dentro, para conferir seus movimentos e se não está destruindo a carreira de mais ninguém.

— Espere aí — eu disse, alterado. — Você não ter gostado, tudo bem, mas essas acusações eu não admito. Elas não têm procedência e tudo que fiz foi registrado, discutido e abertamente trabalhado.

— Isso é fato, mas não me convenceu. Para mim, você manipulou todo mundo.

— Foi a lógica que convenceu todo mundo, Bonamigo. Eu não pretendia assumir o lugar da Suzana e nem pretendo. Vi apenas uma situação momentânea que pode ser útil para o projeto.

— Você quer ser CEO, para com isso.

— É você quem quer isso e está se sentindo ameaçado.

— Sim, eu quero e me sinto preparado. E me sinto ameaçado, sim, por esse jogo seu. Saiba que se eu for CEO, você estará fora.

— Nem precisava me dizer isso. Mas saiba que não quero ser CEO.

— Bom, era isso que eu tinha a dizer. Não escondo o que penso. Então, ficamos assim. Não vou jogar contra você; vou lhe dar todo apoio e estrutura, saiba disso. A empresa e os valores em primeiro lugar. Mas estou de olho em você e vou te pegar.

Saí da sala dele sentindo um misto de indignação e tranquilidade. Eu vi um homem honesto. Ele não esconde o que pensa. Gosto de trabalhar com gente assim. O tempo era o único remédio para a nossa relação.

26

Sherlock Holmes

Já fazia dois meses que o filho da Olívia tinha nascido. Tomás era um menino bonito, pelas fotos e vídeos que recebi. Eu não me senti à vontade para visitá-la, até para não vomitar no tal João. Mas gostei da criança. Pura, feliz e cheia de vida!

Certa noite, Olívia me ligou. Dessa vez, eu não senti frio na barriga nem hesitei em atender. Respondi imediatamente.

Ela estava em prantos.

— O que houve, Olívia?

Ela só chorava.

— Me diga o que houve, criatura!! — insisti.

— Entrei no celular do João e vi filmes eróticos dele com outras mulheres — disse ela, desabando a chorar novamente.

Eu pensei: *O que tenho a ver com isso? Ela me trai, se junta com outro, engravida e vem atrás de mim para consolá-la? Que ódio!* Mas falei:

— Nossa, que coisa chata.

— Acabou tudo, Ge!

— Fazer o que, né?

— Ele é mais novo do que eu, e envelheci um pouco mais depois da gravidez; fiquei flácida, e ainda tenho uma barriguinha.
— Pois é, juventude com hormônios é assim mesmo.
— Ele estava me traindo desde os três meses da minha gravidez!!
— Que coisa, né?
— Eu não sei o que fazer. Estou desorientada. Não tive coragem de ligar para ninguém da família.
— Copia os vídeos, entrega para um advogado e entra com o divórcio.
— Não somos casados!
— Então ficou mais fácil! Põe ele pra fora.
— Você acha?
— Acho. E espalha o vídeo pra todo mundo saber.
— Mas vai me expor demais.
— Você está nos vídeos?
— Não! Jamais me aventuro nessas coisas.
— Então, é isso! Toma providência.
— Obrigada pelo conselho. Estou desorientada. Vou pôr ele pra fora hoje ainda.
— Mas procure a ajuda de um advogado, afinal de contas, ele é pai.
— Vou fazer isso. Muito obrigada, você foi um anjo para mim. Fica em paz!

Minha vida profissional agora dependia de fazer a cultura rodar e manter os outros pratos girando. Eu precisava entender o Bonamigo. Ele havia se colocado como inimigo, mas não precisava ser assim. Não sou de ficar comprando briga por pouca coisa. Decidi que precisava entendê-lo a fundo. Recorri a uma das pessoas em quem mais confiava, que era a minha secretária. Eu e ela demos certo demais. Chamei-a à minha sala e pedi um café.

Alice entrou, sentou-se a meu pedido e perguntou:

— O que quer saber?

— Como sabe que eu quero saber algo?

— Estou na vida executiva há vinte anos, aprendi a ler as pessoas e o senhor é facinho de ler. Está tudo na cara.

— Nossa! Mesmo? Preciso ser mais cuidadoso.

— Confio no senhor também, porque sente e demonstra o sentimento.

— O que você pode me dizer do Bonamigo?

— Franco e amigo. Aliás, um bom amigo — ela respondeu, sem pensar muito.

— O.k., conte-me mais, pois tenho que aprender a lidar com ele. O que pode me dizer para que eu o entenda melhor?

— Conheço a história dele. O senhor já a ouviu?
— Não.
— Ele nasceu em Ribeirão Preto, era o mais velho de uma família com quatro filhos. Os pais tinham um comércio, sofreram um acidente de carro e morreram. As crianças ficaram órfãs quando Bonamigo tinha 13 anos. A família não era rica, mas os pais deixaram alguns bens e os quatro foram criados por um tio. Quando o Bonamigo completou 18 anos e pôde assumir as coisas, o tio já havia acabado com tudo. Não se sabe se o tio os roubou ou não, pois ele nunca falou sobre isso, mas ele e as irmãs ficaram em uma situação difícil. Nem lugar para morar eles tinham, e faltava dinheiro até para comer. Bonamigo chegou a tomar conta de carro e contar centavos para comprar comida. Então começou a trabalhar de pedreiro e com isso alugou um barraco para as irmãs. O restante da família não tinha como ajudar. Ele foi tão meticuloso e impecável no trabalho que sabia quanto se gastava com cada produto, a ponto de em seis meses o empreiteiro colocá-lo como supervisor de obra sem sequer ter feito um curso superior. O homem ficou tão encantado com a seriedade e o compromisso do Bonamigo que decidiu pagar uma faculdade para ele, que foi cursar engenharia de produção. Daí para a frente, ele estudou por conta própria e ajudou os negócios a crescerem. Certo dia, o empreiteiro teve um infarto e faleceu. Bonamigo assumiu a empresa, organizou-a e passou a pagar dividendos e lucros à família do empreiteiro, fazendo-a prosperar. Eles fica-

ram muito gratos. Na época, a empresa contava com quinhentos funcionários e a família decidiu vender o negócio. Todos ficaram ricos. Em gratidão aos serviços e à honestidade do Bonamigo, eles lhe deram uma ótima quantia de dinheiro.

Alice fez uma pausa para tomar um pouco de água e retomou a narrativa:

— Bonamigo, então, decidiu parar tudo, estudar inglês e se formar em economia e negócios fora do país. Ele chamou as irmãs e custeou também a ida delas para a Inglaterra, onde cursou a London Business School. O dinheiro que ele recebera dava e sobrava para fazer isso. Ele ficou três anos por lá, e ao fim desse período teve inúmeras ofertas de emprego. A que mais o cativou foi a de uma indústria alemã de peças para carros, onde ele seria o gerente executivo financeiro abaixo do diretor financeiro na planta brasileira. Ele aceitou a proposta e voltou para o Brasil. O grande problema é que ele – formado em gestão, meticuloso e sistemático – analisava todos os números e acompanhava tudo de perto, e descobriu que o diretor financeiro, chefe dele, roubava da empresa em aplicações e operações complexas. Um dia, o chefe descobriu que o Bonamigo sabia de tudo e o convidou sutilmente a fazer parte da falcatrua. Era muito dinheiro. O homem tirava de 2 a 3 milhões de dólares por ano. Bonamigo ouviu a proposta, gravou e foi direto à polícia, sem pensar duas vezes. Você pode imaginar a confusão. Bonamigo foi processado porque o áudio foi considerado ilegal. Acredita? Essa é a justiça no Brasil! Então, ele foi demitido. Uns anos depois o conselho da empresa constatou os roubos, fez um pedido público de desculpas e pediu que Bonamigo voltasse. Você acredita que ele voltou?! Ficou por lá um ano e organizou todo o sistema de *compliance* e controladoria. Bom, só para saber, durante esse período ele foi convidado para integrar uma consultoria dessas grandes, como consultor máster sênior. Ele aprendeu horrores lá. Depois disso, o nome dele ficou forte no mercado e muitas empresas começaram a procurá-lo, e ele atuou como conselheiro em muitas delas. Adquiriu bastante experiência em governança, finanças e jurídico, além de ter uma visão de negócios muito integrada. Por onde ele passou, a casa foi arrumada. Por isso os investidores do fundo Hermman o trouxeram e querem que ele seja CEO.

Eu estava de queixo caído. Perguntei-me por que não tinha feito essa entrevista antes!

Para mim ficou claríssima a razão de nosso modelo de cultura ser forte no quesito ordem. O modelo mental de Bonamigo é ordem e segurança, focado em resultado. Realmente, isso é uma força em muitos negócios. Meu desafio, então, é mostrar que a inovação e a cultura de aprendizado são cruciais. Se Bonamigo entender isso, ele compra a ideia. Se ele a comprar, acabou, pois é um trator focado.

27
Cabo de guerra

Eu já havia me habituado às práticas meditativas e ia com frequência a alguns *satsangs* para compartilhar experiências. Minha ansiedade desaparecera quando percebi que tudo é um fluxo de energia, e que essa energia se movimenta para onde olhamos. A mente pensa, mas eu não sou a mente. Posso ver a mente pensando. Em certo momento achava isso uma viagem, mas depois de um tempo comecei a atentar para aspectos sutis e invisíveis da vida. Eu estava ficando cada vez mais sensível e captava as coisas no ar. Percebia pessoas mentindo, traindo, fingindo etc. No mundo corporativo, o fingimento é muito comum como sistema de defesa, e em nossa querida Homedere não era diferente, pois havia ali uma taxa de contaminação de medo.

Minha filha tinha vindo ao Brasil passar uma semana conosco. Foi maravilhoso. Reunimos a família e até chamei a Olívia com o filho para brindarmos. Foi uma comunhão bonita de ver. Filha, neto, ex-mulher com filho, meus irmãos e amigos. Eu estava em paz. Nesse dia, Olívia se aproximou e disse:

— Como você rejuvenesceu! O que está acontecendo?

— Não sei. Estou trabalhando como nunca e cheio de problemas para superar.

— Você passa paz, tranquilidade, e parece centrado em um nível que nunca vi antes.

— Ah, devem ser minhas respirações diárias. Aprendi a respirar direito.

— Nossa, na ioga trabalhamos muito a respiração. Que técnica você usa?

— Me ensinaram num *satsang*.

— O quê? Você está frequentando um *satsang*? Sério? Nunca imaginaria isso!

— Pois é. O Gildo me levou e acabei gostando.

— Que máximo, estamos na mesma *vibe*! Mas eu não consegui alcançar esse centramento seu! Você está muito mudado.

Ainda não estávamos com o projeto de cultura redondo, apesar de a Lisa se mostrar muito empenhada nos redesenhos. Isso não me preocupava porque o Paixão estava imerso no projeto. Nem sei como cuidava da loja, mas meu diretor disse que ele tinha virado uma criança e que tudo rodava muito bem na loja de Sorocaba, mesmo sem a presença dele.

Meu desafio era o clima no conselho. Os três fundos estavam em guerra. Volta e meia ocorria isso e o Yuri lidava bem com a situação, mas desta vez a coisa estava feia.

Tivemos um resultado operacional muito positivo, com um aumento de caixa considerável. Um fundo queria distribuir dividendos, o outro queria ampliar as operações para os Estados Unidos, e o outro queria expandir para a China. Era um baita desafio.

Estávamos em um conflito de interesses.

Eu, assistindo a tudo, perguntei ao Yuri enquanto tomava um café em sua sala:

— Como você vê isso tudo?

— Vamos falar de cultura? Não é nisso que você está focado? — ele disse, em tom provocativo.

— Sim, mas o que tem a ver?

— Tudo. Existe cultura por trás dos fundos e nós precisamos ler isso nas entrelinhas e nas posições que eles tomam. Veja bem, entender cultura é analisar histórico. Há crenças escondidas que sustentam os investimentos e direcionam os posicionamentos.

— Como funciona isso? — eu quis saber mais.

— Vou te explicar. Tudo começa pela leitura de interesses. Cada investidor tem um interesse específico. A Doit quer distribuir dividendos. Pense comigo. O que é necessário para isso ocorrer?

— Máximo resultado, máquina enxuta.

— Isso também, além de uma política mais conservadora. Portanto, que cultura adere melhor a esse resultado?

— Resultado com ordem.

— Justamente. Por isso colocaram o Bonamigo no corpo executivo, com minha aprovação, é claro. Já o pessoal da Hermman quer expandir o negócio. Se quer crescer, tem que ousar e assumir riscos. Que cultura é mais apropriada?

— Aprendizagem com foco em inovação e propósito.

— Isso mesmo. Já a Luk quer crescer na Ásia. Por quê? Simplesmente porque o marido da herdeira principal é de Xangai e quer ir para lá. O que traduz isso?

— Autoridade.

— Correto, a mesma cultura que você mostrou que temos, porém com ênfase na Europa. Já o sr. Ivanir quer que a família possa viver dos resultados da empresa e tem paixão pela história. Que cultura é?

— Aprendizagem.

— Mas não a principal, e sim de propósito. Ele é movido pela paixão. Agora, só depois de entendido o jogo do conselho é que se começa a fazer os movimentos, normalmente lentos e calculados. A primeira lição é não ter pressa. Observar e deixar o fluxo correr no tempo dele. Sei que queremos a cultura de aprendizado. Então eu te pergunto: quem temos que ter como aliado?

— A Luk e a Hermman.

— Justamente. E esses dois investidores funcionam assim: mudam os ventos, mudam-se os parceiros. Tudo é relacionamento de conveniência, e não tem nada errado nisso. É preciso saber jogar. Neste momento, estou convencendo os dois fundos a nos apoiar no projeto, e com ambos mais o sr. Ivanir, que é fã seu, teremos maioria e poderemos seguir em frente.

Fiquei admirado com a habilidade do Yuri, e passamos mais um tempo conversando sobre governança e conselhos. Foi uma aula de MBA gratuita.

28
Montando a engrenagem

Era uma festa sem pretensão alguma. Nem sei por que fui. Eram amigos de escola, turma das antigas. Fim de noite, todo mundo já mais para lá do que para cá e soltaram música dos anos oitenta. A turma entrou na dança. Estava divertido. Sarah era uma colega de muito tempo, dentista, tinha três filhas; estávamos dançando direto quando ela me agarrou num canto e me beijou. Não sabia o que fazer. Parecia que eu estava de resguardo e não me percebia como uma pessoa interessante. Enquanto ela me beijava, senti o calor subir em mim e uma excitação gigante. O vulcão acordou. Para mim, a festa acabou ali. Convidei-a para o meu apartamento e ela aceitou de imediato. Foi uma noite das estrelas. Eu não tinha noção de que estava tão travado. E foi uma experiência maravilhosa. Sarah não pôde dormir comigo porque tinha que ir para casa. Ela era separada. Fiquei contando estrelas na cama com um sorriso bobo no rosto. De repente, meu celular tocou e vi que era

Olívia. Devia ser umas duas da manhã. Atendi na hora.

Ela estava em prantos e as palavras não saíam de sua boca.

— Olívia! O que houve?

Ela só chorava.

— Aconteceu algo com nossa filha?

— Não — ela murmurou.

— O que houve? Fala, pelo amor de Deus!

— Ocorreu uma tragédia.

— Fala!!!

— O João... morreu.

— Como assim?

— Ele sofreu um acidente de moto; um ônibus o pegou e ele morreu na hora. Estou chocada! Você pode vir aqui? Não tenho a quem recorrer.

— Claro, estou saindo.

Em vinte minutos eu estava na casa dela. Encontrei-a arrasada. Os dois já estavam separados, mas havia um laço entre eles, que era o Tomás. Um menino muito especial. Fiquei muito sentido e me solidarizei com a dor dela. Olívia não tinha condições de cuidar da situação. Os familiares dele assumiram tudo. Ela iria para o velório no dia seguinte. Durante a madrugada, sentamos no sofá e ela falou muito. Eu ouvi atenciosamente até que caímos no sono e dormimos abraçados ali mesmo.

Eu estava em reunião com Lisa e outras pessoas ajustando metodologias para escalarmos a cultura. Paixão estava conosco, e cada vez que ele abria a boca era uma aula. A própria Lisa ficava surpresa com tanta clareza.

Paixão nos apontou o rumo a seguir:

— Vejam, senhores e senhoras, cultura não é somente definir os modelos que queremos; precisamos encontrar a modelagem de liderança que desejamos para sustentar as ênfases, depois rever nossos valores para então desenhar os comportamentos coletivos sustentadores. Em seguida, é preciso explicitar o que queremos que os líderes façam e o que não queremos que eles façam. A clareza é fundamental. Feito isso – que chamo de identidade cultural –, precisamos estabelecer objetivos, metas e planos de ação. A terceira fase é identificar as regras que precisam ser mudadas, bem como sistemas e recursos, procedimentos e medidas. Na última fase é que pensamos na aprendizagem – o que as pessoas precisam aprender e treinar para tocar a mudança cultural.

Lisa o interrompeu e falou:

— Isso é como se fosse um BSC da cultura.

— BSC... O que significa? — perguntou Paixão, meio desconcertado.

— *Balanced scorecard* — ela respondeu. — Um modelo de gestão estratégica de desempenho com medições.

— E como seria isso? — eu quis saber.

— O primeiro quadrante é a identidade; o segundo são os objetivos, metas e ações; o terceiro, os recursos; e o quarto, a aprendizagem. Um suporta o outro e fica tudo encadeado — ela explicou.

— Isso seria um plano de desenvolvimento da cultura organizacional — comentou Paixão.

— Que podemos chamar de PDCO. Seria um PDCO com o BSC — completou Lisa.

— Muita metodologia junta em uma empresa com 30 mil funcionários... Pode ser complexo — ponderou Paixão.

— Eu tenho a pessoa para nos ajudar a estruturar esse PDCO com BSC — falei.

— Quem? — Os dois perguntaram, em uníssono.

— Bonamigo.

Todos estranharam a minha resposta, já que era evidente o fato de que ele não gostava de nós.

— Gente, Bonamigo não gostar de nós não quer dizer nada. Talvez, se ele se aproximar, muito dessa antipatia pode acabar.

Assim que terminou a reunião, marquei uma conversa com Bonamigo. Ele me recebeu imediatamente. Bonamigo era como eu, uma máquina de trabalho. Faz trezentas coisas ao mesmo tempo. Sabe os números todos de cabeça e acompanha tudo sem fazer microgestão. E tinha tempo de sobra para imprevistos, pois delegava muito bem.

— Bonamigo, quero te mostrar nosso projeto de cultura agora, para traçar o desdobramento.

— Quer me mostrar? — disse ele, surpreso.

— Não só mostrar, mas preciso de você.

— O que temos, então? — ele perguntou, desconfiado.

Eu expliquei todo o movimento, o que havíamos desenvolvido e o que vinha pela frente com o PDCO e BSC.

Ele se surpreendeu com a clareza e a lógica do processo. E falou:

— Gelson, eu sei como montar isso para que funcione e criar métrica de avanço cultural.

— Eu tinha certeza de que você saberia o que fazer.

— Para quando precisam disso?

— Queremos terminar o PDCO em quinze dias.

— O.k., eu me comprometo com vocês e criarei, com meu time, métricas amarradas aos objetivos de cultura.

Eu agradeci a gentileza dele, mas notei um ar de desconfiança. Contudo, como ele disse que ia fazer, acreditei nele. Bonamigo, quando fala, faz. Não tem meio-termo.

29
Estratégia de guerra

Eu tinha ficado muito sensibilizado com o que ocorrera com Olívia. Havia ido à casa dela três vezes naquela semana. Sempre no fim do dia.

Por outro lado, minha vida íntima estava intensa. Eu e Sarah parecíamos dois adolescentes que descobriram o sexo. Nós literalmente não pensávamos em mais nada. Era bem pouca conversa e muita atividade física. Eu estava adorando aquilo. Estava redescobrindo minha virilidade, minha criatividade e minha sensualidade, pois Sarah me fazia ousar como homem. Quando casado, eu era muito certinho e padronizado. Parecia um robô. Fiquei imaginando como a Olívia tinha me aguentado tanto tempo. Aquele monge fazendo sexo!

Um dia, eu estava na casa da Olívia brincando com o Tomás. Senti-me com a responsabilidade de um pai. Eu e ele dávamos muito certo. Olívia ficou nos assistindo com os olhos brilhando, vendo a gente brincar. Ela estava muito grata pelo suporte que eu vinha lhe dando. Na verdade, eu não ia até lá pela razão, mas pelo coração. Meu coração pedia para ajudá-los naquele momento, simplesmente com minha presença.

Estávamos fechando uma reunião de nossa executiva com o conselho quando um representante da Doit perguntou:

— Quando teremos um novo VP de planejamento, gente e gestão?

Yuri se antecipou:

— Gelson, como você vê isso?

— Bom, senhores, tudo está andando bem — eu disse. — Preciso de mais três meses e fecho o fluxo do projeto.

Eles me concederam o prazo solicitado. Agora eu tinha uma data de entrega.

Reuni todo o time da cultura para uma atualização e alinhamento de ações. Paixão foi o primeiro a se manifestar:

— Senhores e senhoras, cada liderança hoje tem seu mapa, seus números e medidas de avanço; todos têm plano de ação e participam de um sistema integrado. Em paralelo, estamos concluindo a revisão de 38 regras, 32 processos e o desenvolvimento de um sistema de integração de metas. Também reestruturamos o modelo de parceria com fornecedores; começamos a abrir para os pequenos. No início foi uma confusão, mas já alinhamos o volume de fornecedores. Iniciamos treinamentos para gestão da inovação, métodos de escuta e criatividade. Nossas lojas estão todas equipadas com tecnologia de ponta para oferecer a melhor experiência ao cliente.

De repente, Bonamigo entrou na sala e falou:

— Olá para todos! Estão discutindo a cultura?

— Sim — respondi.

— Bom, eu vi e li todos os documentos que me enviaram.

— Que ótimo! — exclamei. — E o que achou?

— O projeto está furado.

— Como assim? — indaguei.

— Onde está furado? — acrescentou Paixão.

— Vou explicar — disse Bonamigo. — Vocês mapearam, definiram e montaram planos para avançar nos modelos culturais contemplando as subculturas, com o que eu concordo totalmente. Mas quem me garante que quem está participando tem *fit* cultural? Às vezes, o modelo mental do líder e das pessoas não reflete o que a área e a empresa querem. Aí, meus amigos, não existe treinamento e esforço neste mundo que mude isso. É ingênuo pensar que mudamos as pessoas. Algumas coisas, sim, mas a questão é o despendimento de energia. Por isso está furado.

— E o que você sugere? — perguntei.

— O sr. Bonamigo tem absoluta razão — Paixão se adiantou. — Temos que colocar as pessoas certas nos lugares certos. Eu sei como fazer isso.

— Como? — quis saber Bonamigo.

— Eu consigo aplicar outra pesquisa mais curta do que a última, mapeando o modelo mental das pessoas associado às culturas. Assim descobrimos como as pessoas pensam. Ou seja, a mentalidade de trabalho e a mentalidade das lideranças — Paixão explicou.

— E em quanto tempo você consegue concluir isso? — indaguei.

— Em três dias, pois já tenho uma equipe pronta trabalhando com a base de dados, e temos um especialista na área que vira essa chave fácil.

— Bonamigo, você vê mais alguma coisa? — perguntei.

— Não, esse é o furo. Em mais alguns dias eu termino o modelo BSC em formato de sistema para automatizar tudo e gerar dados para serem trabalhados por vocês.

— Excelente! — exclamei.

— Para que dê certo, isso tem que funcionar como uma estratégia de guerra, prevendo tudo que pode dar errado. Otimismo cego nesta hora é ingênuo. Tenham planos A, B e C — falou Bonamigo.

Saímos animadíssimos daquele encontro e vi quanto Bonamigo era honesto em seus princípios, além de comprovar sua capacidade técnica e analítica em negócios.

30

Água mole em pedra dura...

As idas ao *satsang* eram muito produtivas. Eu conseguia me desconectar com facilidade da minha mente. Era como tomar água. Comecei a perceber o que eu sou e o que era a minha mente. Os pensamentos e emoções vêm e vão, eles não representam o que eu sou. A consciência não vem nem vai, ela simplesmente é. Atingir esse estágio do que simplesmente é transcende os dramas e as tramas do dia a dia. Eu estava entregue ao universo e ao fluxo da vida. Não me perturbava mais com a expectativa das coisas, mas me concentrava em fazer o que tinha que ser feito. Passei a ter maior discernimento e a ensinar as pessoas a manter o foco e eliminar desperdício de tempo. O grande problema das organizações envolve as pessoas que querem ser eficientes em coisas desnecessárias. Sarah não tinha a menor afinidade com esse tema chamado consciência, até ridicularizava isso. Ou seja, nossa pegada era puramente sexual, o que também era muito bom, pois eu replicava algumas técnicas tântricas com ela e as coisas transcendiam em outra *vibe*.

Quem se interessou muito pelos meus movimentos foi Olívia. Eu a visitava com frequência por causa da dor e da preocupação com o Tomás. Tínhamos, eu e Tomás, uma afinidade total. Certo dia, ele dormiu no meu colo e o deixei na cama. Quando voltei para a sala, Olívia estava chorando. Conversamos muito e ela me perguntou:

— A sua transformação é mágica, soberana e poderosa. Como fez isso?

— Simples — respondi. — Parei de querer ter tudo na mente e me conectei com a minha consciência, que não tem identidade. Assim, passei a ver as coisas por um prisma mais amplo.

— Você me ensina?

— Claro, mas o pessoal do grupo que frequento é muito mais preparado. Você não quer ir lá?

— Um dia eu vou. Mas você pode me ensinar? Vi sua mudança. Eu pratico ioga há tempos, mas não percebi em mim uma mudança tão grande como a sua.

— Vamos praticar respiração. Isso vai te ajudar agora.

Ela topou.

Sentamos num espaço do apartamento coberto com um grande tapete. Um de frente para o outro. Comecei mostrando os movimentos de respiração com descida de fluxos. Ela, muito disciplinada, foi fazendo certinho. Dali a pouco estávamos respirando juntos. Minha energia se abriu e o semblante dela ficou mais sereno. Estávamos respirando havia trinta minutos e os estados mentais foram se alterando. Senti que meu corpo estava uns vinte metros mais largo. Olívia tinha um sorriso expansivo no rosto. Fui diminuindo o fluxo e orientando-a a fazer o mesmo, até que voltamos ao normal. Fiquei feliz ao ver que a dor antes estampada em suas feições havia ido embora.

Ela olhou com profunda gratidão, agradeceu bem baixinho e me abraçou. Foi um abraço honesto. Ao nos soltarmos, ela me olhou nos olhos e me beijou. Eu não consegui corresponder. Ela me beijou de novo, de forma suave, somente um roçar de lábios. E eu estava travado. Ela continuou me beijando enquanto eu permaneci congelado sem entender nada. Após um instante, ela falou:

— Você se tornou o homem que eu queria, e ele estava dentro de você. Eu te amo. Sempre te amei. Mas não suportava a ausência de afetividade física; você era muito metódico. Mas eu sentia que tinha algo maior em você, só que não soube ajudá-lo a trazer isso para fora. Eu tentei, mas não fui competente. Me perdoe por tudo que aconteceu, eu segui um impulso irrefreável. Se eu não tivesse uma experiência diferente, enlouqueceria. Sei que te fiz sofrer, mas eu estava sofrendo também. E preferi contar tudo, pois era o mínimo que podia fazer. Eu não conseguiria ter um caso por tanto tempo pelas suas costas, um ser humano bom, honesto, mas por quem eu não me sentia atraída. Se você não me quiser nunca mais, tudo bem, mas saiba que isso que estava dentro de você e saiu era tudo que eu procurava.

    Eu me levantei. Olhei para ela. Não consegui dizer nem uma palavra. Saí sem me despedir e bem atordoado.

Abri meu celular e vi o documento. Uau! Lá estava todo o PDCO que havíamos montado com envolvimento de diversas pessoas e áreas ao longo de quase trinta dias. Cinquenta e oito páginas com todo o desenho encadeado. Uma lógica impecável que se desdobrava até a operação da empresa. Fiquei muito orgulhoso. O documento começava com o alinhamento organizacional.

Toda estratégia tem que contemplar a cultura e um PDCO. Havíamos feito diversas reuniões com muitas pessoas para redesenhar o propósito da Homedere. Finalmente ficou pronto e sensacional: gerar inteligência funcional para lares e escritórios.

Os funcionários entenderam o propósito depois de várias palestras *on-line* e debates que promovemos sobre o assunto. Demos exemplos, mostramos como seria a empresa funcionando se estivesse cumprindo seu propósito. Apresentamos filmes sobre as lojas vendendo, a relação com fornecedores, as áreas de apoio e muito mais. As pessoas precisam ver o futuro, não escutar sobre ele. Essa é a grande diferença entre um discurso de cultura e uma visão de cultura.

Revemos nossos valores e descobrimos que precisávamos de apenas três princípios, em vez dos dez que tínhamos e não faziam a menor diferença. Durante muitas outras reuniões, fomos aprendendo a nos concentrar no que era essencial. Por fim, com muita convicção de todos, nossos valores foram estabelecidos da seguinte forma:

1. Espírito de ajudar e servir – queremos encontrar o melhor para o cliente mesmo que não tenhamos nas lojas, e faremos isso com todos os colegas e áreas em todos os lugares e países.

2. Espírito de dono – cuidamos e olhamos tudo e todos sem deixar nossas responsabilidades de lado. Queremos custo baixo, fluxo livre e rápido entre as áreas e ambientes lindos, organizados e limpos.

3. Espírito de mais e melhor – somos inquietos e buscamos melhorar tudo para todos. Questionamos e criticamos com respeito, assim como valorizamos as coisas boas e as pessoas. Tudo sempre pode melhorar.

Chegar a esses três princípios foi um parto, mas o simples é o resultado da determinação em destrinchar o complexo.

Conseguimos, junto com o conselho, definir nossas ambições: ter quinhentas lojas no mundo em dez anos.

Lógico que não definimos por onde crescer, pois era assunto estratégico e Yuri teria muito trabalho para alinhar os interesses dos investidores.

Também fizemos um grande trabalho ao estabelecer, em linhas gerais, o melhor modelo de liderança para a empresa.

Queríamos líderes que fluíssem em três vertentes, de acordo com a área que operassem.

- Líder treinador – aquele que forma e desenvolve pessoas.

- Líder inspirador – aquele que ajuda as pessoas a viver os valores da empresa e se engajar em seu futuro.

- Líder modelador – aquele que faz a estrutura e os processos rodarem redondos e com agilidade.

Fizemos um desenho detalhado de tudo que queríamos das lideranças – e também daquilo que não queríamos. Em um dos eventos *on-line*, uma liderança falou o seguinte, após ler o documento: "Mais claro, impossível. É uma bússola comportamental".

Redefinimos todos os papéis e procedimentos de gestão das lideranças de todos os níveis, inclusive das pessoas que exerciam influência sem ter atribuição formal de liderança.

Depois revimos, ainda, todas as subculturas com cada líder e seus liderados. Por exemplo, a área contábil seguiu uma cultura com ênfase em ordem e segurança, enquanto a logística ressaltou o resultado; as lojas deram ênfase à aprendizagem, a área de suprimentos enfatizou o propósito e assim por diante.

Chegamos à conclusão de que focar apenas uma cultura central seria um erro. Éramos um sistema vivo e aberto. Todos os oito modelos de cultura eram importantes e não podíamos focar um só. Tínhamos que ter as ênfases casadas com as estratégias e sistemas, esse era o grande segredo da modelagem cultural. Cultura não podia ser vista como uma fórmula única e generalizada de evolução, isso é um tremendo equívoco. Cada empresa tem seu mercado e sua forma de reagir ao ambiente. Pessoas evoluem, empresas se adaptam. Evoluir a adaptação é uma ideia pouco realista de modelo cultural corporativo.

Eu via a cultura como um organismo vivo em que cada órgão tem sua importância; portanto, todos os oito modelos eram relevantes e tínhamos que ter a inteligência de planejar e gerir isso de forma muito clara com cada área. E tínhamos que regular as taxas de contaminação para não distorcer as subculturas que queríamos.

Após termos encontrado o modelo cultural das subculturas, construímos objetivos e planos de ação com métricas atreladas ao plano estratégico. No final, ficou tudo amarrado e Bonamigo foi genial quando sistematizou isso em relatórios inteligentes por meio dos quais teríamos condições de acompanhar, avaliar e intervir.

Paixão disponibilizou uma pesquisa instantânea que poderíamos consultar a qualquer tempo, a fim de checar a evolução de uma subcultura e medir seu estágio.

Com relação ao nosso BSC, uma vez que tínhamos a identidade e objetivos de liderança traçados, partimos para fazer a mudança mexendo em regras, sistemas e processos. Não existe mudança se não mexermos nas regras e sistemas. Esse é outro segredo. Pois se a liderança, por um lado, valoriza o trabalho em equipe, por outro a remuneração é individual. É esquizofrênico.

Na área de suprimentos, mudamos os critérios de contratação de fornecedores. Analisamos a capacidade de entrega, tamanho da empresa, qualidade do serviço e poder de inovar com maquinários. Percebemos que os grandes fornecedores não estavam dispostos a se adaptar ao que queríamos, pois isso lhes geraria custos adicionais. Mas sabíamos que não poderíamos abrir mão deles de imediato. Então criamos um plano gradativo de migração para pequenos e médios fornecedores locais. Isso levaria cinco anos, mas vi alegria e engajamento do pessoal de suprimentos. Aliás, eles estavam tão eufóricos que tive de insistir no prazo de cinco anos, pois, se deixasse, o plano já seria implementado em um ano apenas. Nós não queríamos quebrar os nossos fornecedores. Eles foram muito importantes na história recente da Homedere e tínhamos uma dívida social com eles.

Construímos um novo modelo hierárquico que representaria a própria desconstrução do poder centralizado. As equipes teriam mais autonomia e responsabilidade e estariam mais integradas umas com as outras. Os futuros líderes não seriam mais escolhidos de cima para baixo, mas de baixo para cima, desde que cumprissem os critérios do cargo. As equipes indicariam três nomes e a empresa chancelaria um deles. Assim, qualquer líder teria a responsabilidade de corresponder às expectativas do time. Isso quebrou o modelo autoritário que existia na Europa e mudou completamente o clima de trabalho. Essa era uma ação para reforçar a cultura de propósito. E em cada decisão que tomávamos, conseguíamos ver qual cultura estávamos enfatizando.

As remunerações passaram a ser compartilhadas. É certo que tivemos uma série de problemas com sindicatos em diversos países. Chega a ser engraçado como os sindicatos, no discurso, defendem os interesses dos trabalhadores, mas raras vezes apoiam aquilo que realmente vai ser bom. O sistema que criamos proporcionava aos funcionários um ganho coletivo pelo resultado e inovações de produtos. Mas o descompasso chegou a tal ponto que, na Itália – um país com uma terrível burocracia, muito burra mesmo –, nossos funcionários entraram com uma ação contra o sindicato. Deu uma confusão tão grande que até saiu nos jornais do país. O presidente do sindicato sentiu fortemente a pressão, percebeu a incoerência de suas ações e teve que abandonar o cargo. Por fim, nossas propostas ainda tiveram que passar por políticos locais. Para mim, isso era uma insanidade, já que propúnhamos que todos ganhassem mais e, dessa forma, os funcionários ficariam muito mais felizes.

Além de tudo isso, criamos o *hub* Homedere de cultura – HHC. No início, só participavam dessa iniciativa os profissionais ligados à área de recursos humanos. Certo dia, porém, Bonamigo falou:

— Está tudo errado. Cultura não é só do RH. Cultura é de todos.

Nossa gerente de RH ponderou:

— Mas cultura tem a ver com pessoas e costumes.

— Sim, e qual a diferença entre a pessoa que atua em sua área e a que trabalha numa loja? As pessoas das lojas também criam costumes, cuidam e desenvolvem outras pessoas. As lideranças formais e informais são os agentes da cultura — rebateu Bonamigo.

— Então a área de planejamento, gente e gestão está fora?

— Claro que não. É mais uma a participar do HHC.

Quando criamos o HHC, que depois virou 2HC, abrimos espaço a todos que quisessem participar. Definimos critérios de participação e responsabilidade. O 2HC era uma área de aconselhamento e gestão da cultura. Apareceu muita gente interessada, de todas as áreas. Fechamos o 2HC com vinte pessoas, que depois elegeram a liderança por um ano. Esse líder tinha o papel de fazer a cultura acontecer. O 2HC montou uma estratégia em células naturais e orgânicas que se espalhavam por toda a empresa, e tínhamos analistas exclusivamente dedicados a gerar números de cultura. Dentro do 2HC construímos um modelo de formação de agentes de transformação que atuariam no mundo inteiro. Dezoito desses agentes trabalhariam para mudar o *mindset* e ajudar na transformação.

No fim das contas, a área de planejamento, gente e gestão ficou com uma cadeira no 2HC, mas nenhum de seus membros foi eleito como liderança. Isso trouxe muitas reflexões positivas para eles.

Após muito ser pensado, o movimento começou. Água mole em pedra dura, tanto bate até que fura. Furamos o modelo em vigor.

31
A ascensão da moral

Estávamos em Campos do Jordão. Fazia um friozinho bom, havia um vinho delicioso e eu deitado em cima da Sarah, sem pesar meu corpo, simplesmente curtindo o nosso "love". Começamos a nos excitar, então fechei os olhos em total entrega enquanto ela me apertava. Sarah foi puxando meu rosto para junto do dela. Estava gostoso, e quando decidi abrir os olhos, vi o rosto nítido da Olívia! Nossa, dei um pulo da cama. Sarah se assustou e perguntou:
— O que houve?
— Nada. Lembrei uma coisa aqui e me assustei.
— Lembrou o quê?
— Nada, não.
— Como nada? Você mudou o semblante e pulou!
Eu não sabia o que falar. Fui ao banheiro para disfarçar. Molhei o rosto. Precisava recuperar o clima de alguma forma para não ficar deselegante. Depois de algum tempo,

consegui tomar um vinho, relaxar e retomar o momento.

Após esse incidente, volta e meia a imagem de Olívia vinha em minha mente, mesmo que eu não a tivesse visto mais depois daquele episódio na casa dela. Não havíamos nos falado desde então. Olívia já tinha passado dos quarenta, mas era difícil dar a ela mais que trinta, além de ser uma mulher belíssima. Ela sempre foi muito carente, atenciosa, pegajosa até; muito de estar junto o tempo todo e viver em função do outro. Era dessas pessoas que ligam e mandam mensagens direto, mas não era chata e invasiva. Eu havia ficado mexido, mas não queria admitir isso. Meu orgulho de macho ainda estava ferido.

Certo dia dessa semana decidi ir ao local onde meditávamos. O lugar ficava aberto ao público todos os dias das 9 às 17 horas. Lá havia jardins, água corrente, um ambiente bem ao estilo *ashram*. Sentei em frente a um ornamento que simbolizava o infinito – um oito deitado. Fiquei ali por umas duas horas, permitindo-me observar meus pensamentos e sentimentos sem julgá-los. O julgamento é uma clara interferência do ego. Eu precisava dar vazão a tudo que estava dentro de mim. Ali, sentado e relaxado, consegui ver limpidamente que eu não havia perdoado a Olívia. Mas descobri algo muito mais libertador, que jamais havia imaginado. Perdoar era possível e não representava a coisa difícil do mundo, mas eu também precisava pedir perdão pelo homem que fui e me perdoar por isso. Para mim ficou muito claro que o perdão funcionava em uma trinca: perdoar, pedir perdão e perdoar-se. Não somos perfeitos e viemos para aprender neste mundo. Eu precisava fazer isso.

Era um grande dia, pois tínhamos reunião do conselho e precisávamos apresentar os resultados do trimestre.

Após as formalidades de praxe, Yuri apresentou nossos números. Os resultados eram simplesmente espetaculares. A meta de margem para três anos foi cumprida muito antes disso, e mais, aumentamos 22% em cima da própria meta. Em seguida, Bonamigo mostrou dados financeiros e nosso caixa estava abarrotado de reservas. Eu ainda apresentei outros números de ambiente, engajamento, sustentabilidade e dados da cultura.

Um investidor da Luk comentou:

— Eu nunca vi uma mudança dessas antes.

Outro investidor:

— Eu também não.

O sr. Ivanir pediu a palavra.

— Olha, quero dizer aos senhores que essa mudança tem nome: sr. Gelson. Ele fez a transformação da cultura e resgatou o espírito da empresa sem perder a modernidade de que ela precisava para se adequar aos tempos atuais. Esse homem chegou e mudou tudo.

Em seguida, foi uma chuva de elogios vindos de pessoas que eram normalmente frias e superformais. Nunca havia recebido esse tipo de reconhecimento antes.

Yuri não conseguia conter a satisfação, o que era raro. E falou:

— Meus caros, agradeço a confiança. Foi por isso que defendi a vinda do Gelson para a Homedere. Eu havia lhes dito que tinha a pessoa certa.

Eu estava me sentindo pleno e completo naquele momento. Sabia que tinha muito pela frente e que sustentar uma posição é tão difícil quanto alcançá-la, mas estava em êxtase. Tínhamos feito a virada e eu havia batido a minha meta com o conselho. Olhei para o Bonamigo, no entanto, e vi um homem murcho. Ele apagou completamente na reunião. Todos se levantaram e vieram nos cumprimentar, mas se dirigiram a mim com muito mais entusiasmo. Decidiram até organizar um jantar na casa de um deles para comemorar os resultados.

Nós nos reunimos na residência de um representante da Hermman que ficava no Morumbi. Uma casa simples, mas com uma área externa muito grande e jardins bem cuidados. Esse homem era muito reservado. Rígido e detalhista. Naquela noite, porém, ele se abriu mais e tomamos algumas cervejas artesanais do tipo *stout*. Ele mesmo as fabricava de forma caseira.

Era visível que Bonamigo tentava se divertir, mas estava deslocado. Parecia ter perdido o chão.

Nós todos nos sentamos em volta de um espaço com uma lareira ao centro e as pessoas ficaram me fazendo muitas perguntas, querendo saber detalhes de como havíamos feito a mudança. Eu falei por três horas diante de homens completamente atentos a cada palavra. Volta e meia Bonamigo dizia alguma coisa e eu o elogiei todo o tempo, porque era muito merecido. Disse que a inteligência de gestão e a visão de negócio tinham sido todas dele, o que era verdade. Mas, naquele momento, eu era a imagem viva do projeto. Eles só viam a mim. A partir dali a relação do conselho comigo mudou e o tema cultura passou a ser de interesse estratégico.

32

O senhor dos anéis

Eu havia decidido enfrentar toda a situação que vivi com a Olívia e pôr um ponto final nisso, já que eu e Sarah nos dávamos muito bem. Marquei uma conversa com Olívia em um café nos Jardins. Não queria ir à casa dela. Escolhemos um lugar bem rústico na Alameda Franca. Tinha uma mesa reservada de frente para uma pequena fonte. Sentamos e pedimos café arábico. Olhei para Olívia e ela estava um pouco aflita. Os olhos grudados em mim piscavam um pouco mais do que o normal. Notei as mãos juntas com os dedos entrelaçados. Parecia que ela esperava algo de mim. Eu comecei a falar.

— Vivinha — chamei-a pelo apelido —, eu quis marcar este encontro porque cheguei a algumas conclusões e preciso te dizer algumas coisas. Eu não havia te perdoado pelo que fez, mesmo depois que voltamos a nos ver, de passar a te ajudar, de me aproximar do Tomás e tudo o mais. Eu tinha uma raiva e um orgulho ferido muito grandes. Quero dizer que eu reconheço que contribuí para isso. Fui um tolo no casamento, achando que o simples fato de ser casado fazia você ser minha e eu não tinha que fazer mais nada. Eu te amava demais, mas isso não era suficiente porque não fui capaz de entender você e suas necessidades como esposa e mulher. Minha visão rígida me cegou a ponto de não perceber que nem sexo tínhamos mais. Consigo ver claramente seus esforços para resgatar a nossa relação. Você fazendo a dança do ventre para me seduzir e eu debochando. Você propondo terapia de casal e eu não levei a sério. Você fez mil coisas para me salvar e eu não me permiti ser salvo. Vi que é mais fácil culpar. Eu te empurrei para a infidelidade. Por isso, estou aqui não para te perdoar, pois já fiz isso no meu coração, mas para te pedir perdão pela minha cegueira e por levar todos nós a essa situação.

Olívia estava em prantos quando terminei de falar. Ela trouxe a cadeira para perto de mim e me abraçou chorando.

— Eu nunca imaginei ouvir isso na minha vida — disse ela, soluçando. — Esse foi um dos gestos de maior coragem que já vi em um homem. Expor suas vulnerabilidades e assumir suas fraquezas. Gelson, você é maduro, um ser humano maravilhoso. Eu te peço perdão mais uma vez. Carrego uma culpa muito grande. Parece que tudo em minha vida está errado. Estou ainda sem lugar no mundo por me culpar tanto.

— Vivinha, eu te entendi. Tudo aconteceu como tinha que acontecer. Tivemos muitas experiências agradáveis e desagradáveis. Isso se chama vida. Viemos ao mundo para ter experiências. A forma como vamos interpretá-las é que pode nos colocar no céu ou no inferno. Estou no céu depois de assumir a minha parte.

Nós nos abraçamos e tivemos um fim de tarde mais leve, rindo bastante.

Era sábado e chamei Bonamigo para um churrasco, que ele adorava, em meu condomínio. Reservei o espaço e ficamos somente nós e um churrasqueiro contratado. Em determinado momento, ele se abriu.

— Gelson, eu quero te dizer que quando o Yuri sair e você assumir, se me despedir, não vou ficar magoado. Eu fiz por onde. Lutei contra você durante um bom tempo e depois vi que era um puta executivo. Foi cagada minha. Eu me sinto mal por isso. Mas confesso que não acreditei. Perdoe o que fiz. Eu errei.

Naquele momento, vi que Bonamigo também era capaz de pedir perdão, como eu havia feito com Olívia. Vi, inclusive, um atributo de cultura. As conversas revelam muito sobre a mentalidade e a atitude de cada um. Para uma cultura de ênfase em aprendizado, a humildade e a capacidade de reconhecer erros são atitudes fundamentais de liderança. Para mim, estava claro que ele reunia as condições comportamentais para ser o futuro CEO da Homedere. Tecnicamente, sempre demonstrou altíssima grandeza, e agora revelava o atributo central de comportamento, a humildade.

— Bonamigo, eu não quero ser CEO e se for convidado, recusarei.

Bonamigo quase caiu do banco.

— Como assim? Já está tudo articulado com o Yuri e os membros do conselho. Todos te adoram e confiam em você.

— Você quer o melhor para a Homedere?

— Sim, claro!

— Eu também. Não sou a melhor opção no quadro atual da empresa.

— E quem é?

— Você.

— Está de brincadeira comigo? Ninguém lá gosta de mim. Eles me aturam.

— Você tem todas as qualidades para o cargo. Você consertou o projeto de cultura, liderou o movimento, forma pessoas, tem espírito de servir, age como dono e agora passou a olhar para a frente, pela inovação. Você vive nossos valores naturalmente. Além de ser um baita gestor e executivo, você dominou o processo de cultura e conseguiu transformar todas as áreas ligadas a você. Quando compra a ideia, você se adapta muito bem a ela. Conhece todas as áreas e pensa sistemicamente. Você é o CEO natural. Se não for você, não serei eu. Eles vão ter que trazer de fora.

— Você acredita mesmo em mim?

— Totalmente. E se quiser me demitir quando for CEO, também não ficarei magoado.

— Jamais te demitiria! Em nenhum momento você agiu de má-fé ou com raiva, mesmo com tudo que fiz contra suas iniciativas. Você é um cara diferenciado. Todo mundo gosta de você; de mim, as pessoas têm medo em algum nível.

— A gente pode mudar isso e eu te ajudo. Podemos fazer uma aliança para convencer o Yuri e o conselho, e mudar sua imagem perante algumas pessoas. Aceita esse pacto? Tipo a Sociedade do Anel?

— Aceito. No fundo, eu quero, sim, ser CEO. Nunca escondi isso de ninguém. Mas como eu posso fazer essa transformação?

— Deixa comigo. Já ouviu falar em *satsang*?

— Nunca!

— Você topa ir comigo a uma reuniãozinha diferente?

— Topo qualquer coisa. Confio cem por cento em você.

33

A grande virada

Pela primeira vez fui convidado a participar da roda central de conversas do nosso grupo aberto de meditação e ensinamentos a partir da consciência. Eu falei sobre a integralidade da vida e que isso tinha a ver com cultura organizacional.

Disse que habitamos um corpo tridimensional e que são requeridos cuidados com a manutenção desse corpo e disciplina para fazer as coisas certas. Tudo a ver com a cultura de ordem e segurança. Expliquei que nossa estrutura social é regulada por sistemas de trocas baseados em moeda. Portanto, é necessário pensar em resultados e adquirir autoridade para movimentar as coisas. Essas são outras duas culturas que, como o elemento fogo, geram movimentos fortes. Mencionei também que somos um coletivo ainda lotado de conflitos, daí a importância de saber acolher e incluir os outros, bem como encontrar causas que nos unam para juntos fazermos mais e melhor para o mundo. Isso tem a ver com as culturas de acolhimento e propósito.

Por fim, falei da importância de usar a liberdade de expressão para manifestação de nossos talentos, buscando sempre aprender, inovar e construir algo melhor. Era a síntese das culturas de prazer e aprendizagem.

Nossos mestres locais ficaram encantados com minhas palavras, que, em resumo, desmistificavam a ideia de que quando expandimos a consciência nos afastamos do mundo físico. Eu apontei que é no mundo físico que aprendemos a sustentar um novo nível de consciência sem perder a noção de realidade.

Nesse dia, Olívia estava sentada mais ao fundo e ficou extasiada com a energia do grupo. Bonamigo encontrava-se na segunda fila com cara de quem não estava entendendo nada. Depois abrimos um círculo de mantras. Sentei-me ao lado de Bonamigo e começamos a entoar. Em dez minutos Bonamigo caiu para um lado e se apoiou numa pilastra. Eu ri. Quarenta minutos depois eu o acordei.

— O que houve? — ele perguntou, ainda sonolento.

— Já se passaram cinquenta minutos desde que começamos a entoar os mantras — respondi.

— Como assim? Eu estou apagado aqui esse tempo todo?

— Sim, há uns quarenta minutos, aproximadamente.
— Que é isso, Gelson? Que louco! Isso nunca me aconteceu!
— Eu te entendo perfeitamente.
— Eu não estou bem. Estou zonzo.
Olívia se aproximou para se despedir e me viu apoiando o Bonamigo, que não conseguia se levantar porque as pernas estavam meio bambas.
Eu tinha vindo com ele de carro e ela se ofereceu para nos acompanhar. Eu levaria o carro e Bonamigo para casa e ela me deixaria em casa depois. Aceitei a gentileza.
Saímos, então, eu e Olívia com Bonamigo abraçado entre nós, seus passos cambaleantes.
— Gelson, chama a ambulância. Estou péssimo. Acabaram as pernas. Chama a ambulância! — ele disse, confuso.
— Fique tranquilo, Bonamigo, está tudo certo. Vai passar. Tive a mesma reação, e muitos outros se sentiram assim também.
Olívia só ria.
Deixei Bonamigo em casa e estacionei o carro dele na garagem. Ele morava sozinho e seu namorado às vezes dormia lá. Liguei para o Heitor, uma pessoa muito querida e companheiro do Bonamigo, e pedi que viesse para ficar com ele. Os dois eram muito parecidos, extremamente conservadores e retos em tudo.

Entrei no carro da Olívia e fomos para o meu condomínio. Quando chegamos, ela desligou o motor para se despedir.

— Ge, que palestras elucidativas. Adorei a energia do grupo. Já frequentei muitos lugares parecidos, falando sempre de ioga, mas esse é diferente.

— O que mais gostei é que não tem religião e nenhuma doutrina — eu disse. — Espiritualidade livre. Expandimos a consciência e trazemos nossas percepções a partir de um estado mais puro. Temos orientações de diversas pessoas que estão nesse caminho há mais tempo. Já tivemos lamas tibetanos conduzindo alguns desses eventos e muitos outros mestres.

Eu e Olívia ficamos em silêncio e nos olhando por um momento. O tempo havia parado e eu conseguia enxergar o ser maior que ela era. Conseguia ver uma beleza diferente da beleza física, que ia além das virtudes e desvirtudes dela. Ela levantou a mão e tocou meu rosto. Meu coração disparou e senti meu corpo expandido. Parecia que havíamos nos redescoberto. Começamos a nos beijar de forma muito suave. Naquele momento, senti que era um caminho sem volta.

Yuri estava a seis meses de deixar a função de executivo-chefe e alinhado com o conselho para assumir a presidência do órgão, passando a vaga de CEO para mim.

Eu e ele combináramos de almoçar em um restaurante italiano próximo do nosso escritório central e precisávamos falar sobre isso. Eu tinha absoluta certeza do que queria e havia montado um plano consistente, em acordo com Bonamigo.

— Yuri, precisamos conversar sobre uma coisa que está me perturbando — eu falei, puxando o assunto.

Como sempre, Yuri já tinha lido a situação e se adiantou:

— Eu sei que não quer ser CEO. Você já me falou. Mas existem momentos na vida em que não temos muitas escolhas. Você tem competência, é querido, goza da confiança do conselho, eu estarei na presidência e posso ser seu mentor quando quiser. A Homedere precisa muito de você.

Yuri é um homem muito assertivo, mas eu estava vibrando em outro nível de confiança e sem ansiedade. Sinto que isso mudou tudo, inclusive a forma como eu tomava decisões.

— Sei que você me trouxe para assumir seu lugar e creio que fiz um bom trabalho. Mas você acredita nos motivos do coração? — eu precisava sair da lógica racional, do contrário não teria argumentos para convencê-lo.

— Coração? Me fale mais disso.

— Acredito que criamos um modelo de gestão e de fluxo organizacional diferenciado e que funciona.

— Sim, totalmente. E vejo que está funcionando.

— Estamos indo por um caminho em que não dependemos mais de um grande CEO. Criamos uma coletividade de responsabilidades que pressiona de cima para baixo e de baixo para cima. Tudo de que precisamos é ter as pessoas certas nos lugares certos. Precisamos de um CEO que faça a coisa rodar.

— Você é essa pessoa — disse Yuri, categórico.

— Não sou — rebati. — Sou o motor e a inovação. A engrenagem não me estimula. Precisamos seguir o coração. Meu coração quer a inovação e a mudança contínuas. Ele pede isso e serei feliz assim.

Yuri ficou em silêncio por um tempo e depois falou:

— Isso dificulta as coisas. Quem assumiria?

— Bonamigo.

— Não creio. Bonamigo está no lugar certo. Ele não seria o líder maior de que a organização precisa.

— Seria, sim. Ele mudou e melhorou muito em termos de relacionamento.

— De fato, eu notei uma melhora no comportamento dele, mas o conselho não aprovará. E ele ainda pode trazer outro profissional e desmontar essa aliança que conseguimos criar. Os conselheiros deixaram você em duas VPs esse tempo todo justamente esperando que fizesse essa transição.

— Eu consigo convencer o conselho e serei o braço direito do Bonamigo — eu disse com firmeza. — Me dê essa oportunidade e resolvo tudo.

— E quem trazemos para a VP de planejamento, gente e gestão?

— Eu a assumirei e pretendo mudar o enfoque dela.

— E quem assume a VP comercial?

— Tenho três diretores prontos para fazer o trabalho. Minha sugestão é abrir uma votação para que a turma de baixo escolha. Pediremos a eles que indiquem o nome de sua preferência dentro dos critérios técnicos do cargo, e depois o CEO e o conselho validam.

— Confesso que você me deixou confuso, Gelson. Essas questões de coração, neste nível de tomada de decisão, são sensíveis. Preciso pensar.

34

Laços do destino

Estávamos todos no meu apartamento, conversando na sala. Minha filha tinha vindo passar um tempo no Brasil com meu neto. Olívia estava de olhos atentos na varanda, observando Tomás brincar com Paul.

— Pai, é inacreditável. Você e mamãe apaixonados de novo! É legal demais! — disse Natália, empolgada.

Eu e Olívia estávamos abraçados, rindo e meio sem graça também.

— Vocês são demais — Nat prosseguiu. — Que virada! Como foram maduros um com o outro, mesmo com todo o sofrimento pelo qual passaram. Vocês aprenderam e cresceram. São meus heróis! Amo vocês!

— Eu e sua mãe vamos morar juntos novamente. Vamos nos mudar para um apartamento maior no prédio ao lado, com uma área de lazer boa para o Tomás.

— Preciso falar uma coisa, Nat — disse Olívia. — Seu pai é outro homem. Estou me unindo a um leão na cama. Uau! E de uma sensibilidade, uma empatia que nunca tinha visto. As outras qualidades dele eu já conhecia.

— Que é isso, Olívia?!! Intimidade é intimidade — falei, completamente envergonhado. Se pudesse, pulava pela janela.

— Com a nossa filha, Ge? — disse Olívia, e se voltou para Natália: — Ele fica todo tímido, Nat. Uma gracinha!

— E o Tomás? — ela perguntou.

— Será meu filho — respondi. — Eu o amo. Temos uma forte conexão.

Olívia começou a chorar.

— Por que está chorando, mamãe?

— Sou muito abençoada por tudo que aconteceu.

Após umas dez reuniões de alinhamento entre mim, Yuri e Bonamigo, conseguimos persuadir nosso líder maior. Yuri admitiu a ideia, mas o percebi tenso pela primeira vez, pois precisávamos convencer o conselho. Tínhamos uma reunião marcada para a manhã daquela terça-feira. Bonamigo estava aflito. Encontrei-o sentado em sua sala, praticando respiração. Entrei e já ia saindo para não atrapalhar quando a secretária dele me chamou:

— O que aconteceu com ele? — ela perguntou.

— Por quê?

— Ele tem comprado incenso, pesquisado livros de consciência, meditação e outros afins. Ele medita sempre que chega aqui. Já o encontrei plantando bananeira. Ele está muito estranho. Anda de meias dentro da sala e não usa mais sapato apertado.

Bonamigo sempre foi muito estudioso e dedicado em tudo que faz. Não seria diferente com esses assuntos. Acredito até que ele irá muito além do que eu fui, em termos de aprofundamento nesse conhecimento.

— Ele aprendeu a meditar e equilibrar o corpo e a mente — eu disse a ela.

— Nossa! — admirou-se a mulher. — Mas está fazendo bem! Ele sorri mais, está mais leve e empático.

Nesse momento, Yuri passou pelo corredor e me chamou, dizendo que precisávamos ir para o salão do conselho.

Quando chegamos à reunião decisiva, todos já sabiam que eu não queria ser CEO. Não haveria surpresa e Bonamigo era o indicado. Sabíamos que a discussão seria como uma inquisição, pois os números da empresa eram avassaladoramente positivos e eles estavam receosos de que isso se perdesse.

Bonamigo foi o último a chegar. Entrou na sala com um semblante tranquilo e feliz.

O presidente do conselho abriu a reunião com uma secretária registrando tudo, como sempre. Ele fez uma introdução exata do que estava ocorrendo e das decisões que precisávamos tomar, e anunciou que o tema principal era quem seria o novo CEO.

Yuri falou um pouco do histórico de cada um e passou a palavra para mim, alegando que a expectativa do conselho era de que eu assumisse e ninguém melhor do que eu mesmo para me justificar perante eles.

Eu havia me preparado muito para este dia.

Comecei minha fala com firmeza:

— Senhores, quero trazer um histórico de tudo que ocorreu nesses poucos anos em que estou aqui. Fizemos uma transformação cultural e ela alavancou a empresa. Quero revelar o segredo de tudo.

Parei de falar e tirei da minha bolsa o livro branco. O sr. Ivanir levantou os olhos e exclamou:

— O livro branco!!!

Todos se espantaram com a reação dele.

— Esse é o registro que pedi a um funcionário muito leal que fizesse dos nossos experimentos quando expandíamos o negócio, lá atrás — ele explicou.

— Sim! — confirmei. — Paixão era esse funcionário, e foi peça-chave ao traduzir esse livro para nós. Aqui tem boa parte das estratégias e conceitos que usamos para analisar a realidade e fazê-la evoluir.

Gosto mais da palavra evolução do que de transformação, pois podemos transformar para pior. Evoluir, por outro lado, dá a ideia de melhora sem deixar de contemplar mudanças e transformações.

— Qual foi o ponto-chave de tudo? — o representante da Doit quis saber.

— Bem, foram muitos fatores — comecei. — O primeiro ponto que o livro branco ensina é a diferença entre instalar e implementar mudanças. Por exemplo, eu posso instalar câmeras de segurança e não ter um mecanismo para gerenciar e agir quando necessário. Assim, posso dizer que instalei e não implementei. Implementar é instalar as câmeras e executar ações a partir disso. Mapear a cultura real, definir a cultura ideal não é algo tão complexo, apesar de ser um tema delicado. O maior desafio é implementá-la. Como equilibrar a formulação da estratégia casando-a com a cultura? Eis o nó de tudo. Para mexer com a cultura é preciso mobilizar a mentalidade. O elo entre a mentalidade das pessoas e a lógica funcional do negócio passa pela amarração sistêmica. Essa amarração sistêmica envolve políticas, normas, ambientes, recursos, estruturas e políticas de toda natureza. Tudo isso é muito bonito e o papel aceita qualquer coisa. O desafio é estabelecer definições que sejam funcionais. Se não houver uma visão muito clara do dia a dia, as definições são sabotadas. Para isso, construímos um *balanced scorecard* da cultura em que os planos de ação são monitorados. Criamos o 2HC, que mentora tudo e todos em células funcionais e transversais.

Enquanto falava, eu não deixava de fazer contato visual com os membros do conselho, e eles me ouviam com atenção. Eu prossegui:

— A grande discussão de tudo era como sustentar a nova cultura, e para isso mudamos o sistema de poder e hierarquia na empresa, conforme os senhores aprovaram tempos atrás. Hoje as lideranças são indicadas – dentro dos critérios da Homedere e exigências do cargo – pela base e os níveis acima aprovam ou não. Isso mudou o jeito de ser e fazer dos líderes. Eles têm um altíssimo nível de empatia e *accountability*. Dessa forma, criamos um modelo de gestão mais coletivo do que hierárquico e conseguimos impedir o travamento do fluxo de respostas rápidas. Separamos o que era decisão coletiva do que era individual. Agilismo, para nós, é construir o dobro do valor com a metade do trabalho. Assim mudamos as estruturas funcionais. Ou seja, temos hoje sucessores para diversas funções em toda a empresa. Liderança não representa mais um problema. A formação de líderes virou uma máquina que se autodesenvolve, e quem não se adapta se autoexclui. Tudo isso foi uma inteligência construída e, o mais importante e difícil, amarrada com métricas simples e inteligentes. As pessoas sabem onde estão e para onde vão.

— Espetacular! Parabéns! — empolgou-se o membro da Luk.

— Pois bem — retomei. — E quem foi a inteligência que construiu o modelo de gestão e criou essa engrenagem? Túlio Bonamigo. Ele foi um líder oculto que trabalhou com afinco nesse processo. Ele consegue fazer o complexo ficar simples e funcional. Por isso eu quero dar o crédito a ele. E também gostaria de dizer que não pretendo ser CEO.

Yuri havia recomendado que eu não indicasse o Bonamigo de imediato para não ser invasivo, apenas mostrasse o que ele fez, pois ninguém era bobo no conselho.

— Gelson, você é uma liderança inspiradora e move a empresa. Como ficamos sem você? — perguntou o sr. Ivanir.

— Eu tenho uma proposta para os senhores, sobre a estrutura — falei. — Tenho três sucessores naturais para a vice-presidência comercial. Gostaria de propor a criação da vice-presidência de estratégia, cultura e futuro, que eu assumiria. Portanto, tudo que está rodando estaria ligado a mim.

Todos ficaram em silêncio. Então, o representante da Hermman se manifestou:

— Creio que se as coisas ficarem na sua mão, estarão em maior segurança, correto?

— Perfeitamente — respondi.

— E a VP de administração financeira? — perguntou o representante da Doit.

— Pela dimensão que a empresa está tomando, a ideia é dividi-la em duas VPs — disse Yuri. — Temos as pessoas para ocupá-las em nosso quadro interno, e faríamos um processo de escolha a partir da base com endosso ou veto do conselho. Colocamos esse item na nossa governança.

— Senhor Bonamigo, quais são seus planos? — indagou o sr. Ivanir.

— Permitam-me abrir os slides, pois desenhei o que penso do futuro estratégico da empresa — ele começou. — Mapeei todo o mercado, novos *players*, *players* disruptivos, vendas, posicionamento, tendências de mercado e as culturas de compra de cada país. A estratégia central é o fornecedor alinhado empaticamente com o cliente. Cada país terá estratégias específicas dentro da estratégia central. Proponho crescer na China e nos Estados Unidos nos próximos dez anos. Acredito que talvez nem precisemos chegar a mil lojas, mas, em termos de faturamento, seremos a maior rede de soluções para lares e negócios do mundo. Abriremos um *hub* de *startups* ligadas à inovação, em que seremos investidores. Ampliaremos nossa participação patrocinando a inovação, e não atuando somente como beneficiários diretos dela. Vamos influenciar toda a cadeia. Nenhum de nossos concorrentes pensa nesse movimento e nem sequer tem estrutura para isso.

Bonamigo falou por quarenta minutos de forma brilhante, como sempre. Sua inteligência em negócios e lógica baseada em números eram matadoras. Se existia alguma dúvida por parte dos membros do conselho sobre se ele seria o melhor CEO para a Homedere, naquele momento ela foi dissipada. Yuri estava evidentemente convencido de que Bonamigo seria um bom CEO.

O sr. Ivanir se levantou e disse:

— Prezados. Senhor Bonamigo. Admito que tive muitas restrições em relação ao senhor, sr. Bonamigo. Não como VP, mas para ser o executivo-chefe. No entanto, o que testemunhei nesses últimos anos aqui é inexplicável. Confesso que hoje me sinto seguro caso o senhor venha a nos liderar.

Passada uma semana, o conselho se reuniu em particular e aprovou todas as mudanças que propus. Bonamigo seria o novo CEO e teríamos mais dois VPs além de mim. Eu assumiria como vice-presidente de estratégia, cultura e futuro.

Fiquei muito empolgado. Parecia que eu tinha vinte e poucos anos. Promovi o Paixão para meu assessor especial direto, abri espaço para as pessoas pleitearem vagas de diretoria, gerência e papéis transversos. Foi uma chuva de gente se candidatando. Foram eleitas 23 pessoas em cargos-chave. No dia em que ocuparam seus postos, eu disse:

— Parabéns a todos, mas vocês não trabalham para mim. Vocês trabalham para o negócio e devem honrar quem votou em vocês para assumir a liderança. Sejam bem-vindos a um ambiente onde o propósito é que manda! Ninguém mais!

35

Belo horizonte

Participávamos de um almoço na casa do sr. Ivanir e da dona Genara Dere. Éramos eu, Olívia e Tomás; minha filha e meu neto; Paixão, a esposa e um dos netos deles. Era um momento bem família mesmo.

O sr. Ivanir quis dizer algumas palavras:

— Muito obrigado por aceitarem meu convite e trazerem suas famílias. Temos um belo horizonte pela frente na nossa querida Homedere. Vocês estão fazendo a expansão acontecer. Hoje posso morrer tranquilo, porque meus netos verão o que foi construído e como isso tem mudado o mundo. Vejam aqui, este cortador de grama todo automatizado que faz um raio infra no jardim, apara a grama e identifica ervas daninhas em seu início. Isso partiu de um funcionário de uma das nossas lojas em Xangai, quando um cliente disse a ele que seu sonho era ter um cortador de grama inteligente. Vejam como estamos cumprindo o nosso propósito. É esse momento que eu chamo de "hora da verdade". Não acredito em identidades organizacionais de parede. Isto aqui é que é verdadeiro. Estamos vivendo o nosso propósito e nossos valores.

— Isso o representa, sr. Ivanir — disse Paixão. — Estou muito feliz de testemunhar e participar de tudo isso.

— Paixão, você está caminhando para os 80 anos. Como ainda tem pique? — quis saber o sr. Ivanir.

— Agora sou consultor especial do Gelson, mas eu só paro quando Deus quiser.

— Senhor Ivanir, ele tem mais pique do que eu e muita gente — falei. — Idade não faz diferença, não. Mês passado contratamos três pessoas novas para o nosso time, uma de 63 anos, outra de 70 e outra de 59.

— Mas não estão muito velhas? — questionou o fundador da empresa.

— Nossa mentalidade é outra. A idade da pessoa não importa; queremos que ela tenha alinhamento com o cargo — expliquei. — E lhe digo mais. Muitas vezes essas pessoas produzem resultados melhores do que os de muitos jovens, simplesmente porque põem a mão onde funciona.

— E esses dois no seu colo? — perguntou-me o sr. Ivanir. — Um é neto e o outro, filho. Como é para você lidar com isso?

— Para mim? Tranquilo. O que será desafiante, mesmo, é o Tomás obedecer ao tio

Paul, que tem a mesma idade. Vai ser muito divertido assistir a essa cena futura!

Estávamos a todo vapor na empresa, abrindo lojas, comprando concorrentes falidos, fazendo transição cultural, remodelando continuamente os processos e a gestão. Nosso grande desafio eram as questões jurídicas de cada país. Decidimos constituir diretores regionais e Bonamigo contratou diretores de relações políticas para lidarem com os interesses de grupos. Bonamigo passava a maior parte do tempo entre os Estados Unidos e a China, os dois grandes *players* globais. Certo dia, ele me confidenciou o seguinte:

— Gelson, agora, observando mais de perto o poder das grandes potências, percebi que nós também somos uma grande potência. O Brasil só não vai para a frente porque somos compráveis. Os interesses globais travam o país e os políticos locais são muito fracos. Ainda temos tudo para ser uma das quatro potências globais. Quem sabe um dia!

Em pouco tempo de gestão, Bonamigo fez negociações espetaculares e já éramos a maior empresa do nosso setor, com presença em 25 países, um ecossistema de negócios com mais de 32 empresas e atuávamos também como investidores de 223 *startups* em todas as partes do mundo. Tínhamos um conselho maior, com membros que atuavam regulando nossas participações societárias. A grande discussão agora era se abriríamos capital ou não.

No meu dia a dia corporativo, eu não viajava tanto. Era muito tecnológico. Tudo era virtual. Conseguia fazer meu *tour* pelas lojas por meio de realidade aumentada e usava e abusava de outras tecnologias. Como eu já falava mandarim razoavelmente, algumas figuras importantes da China simpatizaram conosco e facilitaram as coisas sem apelar para a corrupção. Minha área era muito descentralizada. Consegui me tornar um líder dispensável. Eu tinha muito tempo livre e me concentrava 50% para dentro, inspirando, dando apoio, orientando e mentorando; e 50% para fora, pesquisando e ampliando meu *network*.

Fazia uma tarde linda na cidade de São Paulo. Eu estava em minha sala, que era compartilhada com diversas pessoas de diferentes idades e personalidades. Adorava trabalhar com grupos diversificados. Eu havia aposentado as salas exclusivas e adotara ambientes comuns. As salas privativas serviam a todos.

No meu espaço, eu trabalhava com oito monitores de vídeo. Naquele dia, estava trocando ideias com duas especialistas em experiência do fornecedor quando Paixão entrou afobado e falou:

— Senhores e senhoras, me desculpem. Gelson — custou, mas ele parou de me chamar de senhor Gelson —, você viu a última tecnologia apresentada na feira da LisboaTec?

— Não — respondi.

— Mostraram uma plataforma de desmaterialização capaz de transportar materiais e até pessoas sem deslocamento físico. Por meio da quebra de moléculas, será possível fazer materiais que podem mudar de forma, e eles acreditam que isso chegará também às pessoas, que poderão ir para qualquer lugar sem usar veículos! Você pode imaginar o que vem pela frente? Vai mudar tudo!!!

— Convoca todo mundo — determinei a ele. — Temos que começar já a estudar uma nova transformação na Homedere.

Leia também:

Flua

Best-seller que contribuiu para mudanças na vida de milhares de pessoas por meio da transformação da consciência.

A arte de fazer escolhas

Princípios da física quântica aplicados ao cotidiano das pessoas para ampliar o poder pessoal.

DOMÍNIO EMOCIONAL EM UMA ERA EXPONENCIAL

Best-seller que traz uma abordagem transpessoal para lidar com as emoções em um mundo incerto, dinâmico, frágil e complexo.

LIDERANÇA FLUIDA

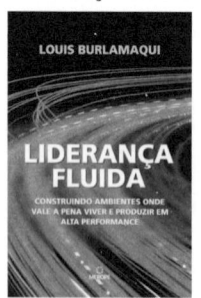

Uma metodologia robusta de liderança para construir ambientes e culturas transformadoras nas organizações.

Assista a uma palestra exclusiva
de Louis Burlamaqui sobre o livro
A cor da cultura organizacional.

TIPOLOGIA: Domaine text [texto]
Domaine text [entretitulos]
PAPEL: Off-white 80g/m² [miolo]
Cartão 300 g/m² [capa]
IMPRESSÃO: Formato Artes Gráficas [julho de 2021]